AF453052

COURS D'HISTOIRE

A L'USAGE DE LA JEUNESSE

HISTOIRE ECCLÉSIASTIQUE.

A LA MÊME LIBRAIRIE

COURS D'HISTOIRE A. M. D. G.

HISTOIRE

ECCLÉSIASTIQUE

PAR DEMANDES ET PAR RÉPONSES

Depuis Jésus-Christ jusqu'à nos jours.

—

NOUVELLE ÉDITION.

A. M. D. G.

CLERMONT-FERRAND

A LA LIBRAIRIE CATHOLIQUE

M. BELLET, Directeur, avenue Centrale, 4.

—

1874

HISTOIRE
ECCLÉSIASTIQUE

PREMIÈRE ÉPOQUE

Depuis la naissance de J.-C., l'an 4004 du monde, jusqu'à la conversion de Constantin, l'an 312 après J.-C. Elle renferme 312 ans.

D. Quels sont les principaux traits de la naissance et de la vie cachée de Notre-Seigneur Jésus-Chrits?

R. Il y avait quatre mille ans que le peuple de Dieu attendait le Messie promis au monde et annoncé par les prophètes, lorsque enfin arriva le jour heureux où le Seigneur, ayant résolu de remplacer la loi de Moïse par une loi plus parfaite, et de substituer au peuple juif une société plus sainte et plus fidèle, commença à exécuter le grand ouvrage de la rédemption et la sanctification du genre humain.

Sous le règne d'Auguste, empereur des Romains, d'Hérode, roi de Judée, l'ange Gabriel est envoyé à Marie, la plus pure et la plus sainte des créatures, pour lui proposer la dignité sublime de Mère de Dieu. Marie l'accepte ; et le 25 décembre, le Fils de Dieu fait homme vient au monde, près de la petite ville de Bethléhem, dans une étable, où des bergers instruits par les anges viennent reconnaître sa divinité. Huit jours après, il reçoit, avec la circoncision, le nom adorable de Jésus; des mages conduits par une étoile miraculeuse arrivent de l'Orient, et viennent adorer l'Homme-Dieu.

Marie présente son divin Fils, quarante jours après sa naissance, au temple de Jérusalem; mais bientôt elle reçoit ordre de se retirer en Égypte, pour échapper à la jalousie d'Hérode, qui, furieux d'entendre parler de la naissance d'un nouveau roi, avait commandé, pour le faire périr, le massacre de tous les enfants de Bethléhem et des environs. Ce n'est qu'après la mort de ce prince que Marie et Joseph son époux reviennent, avec Jésus encore enfant, se fixer à Nazareth en Galilée.

Agé de douze ans, Jésus les accompagne à Jérusalem pour célébrer la Pâque des Juifs; il y est perdu par ses parents, et retrouvé dans le Temple au bout de trois jours. De retour à Nazareth, l'Homme-Dieu, caché sous la forme d'un enfant, continue de vivre soumis à ses créatures, et partage avec Joseph les travaux d'un simple artisan.

D. Qu'est-ce que l'Évangile nous apprend de la vie publique de Jésus-Christ?

R. Le Sauveur du monde avait passé trente ans environ dans une vie pénible et obscure,

lorsque Jean-Baptiste, son précurseur, parut
sur les bords du Jourdain, prêchant le baptême
de la rémission des péchés. Le Fils de Dieu,
confondu dans la foule des pêcheurs, vient
recevoir ce baptême ; puis, après un jeûne de
quarante jours, il commence les travaux de sa
vie publique. Son premier miracle aux noces
de Cana lui attache des disciples, parmi lesquels
il choisit les douze Apôtres. Il parcourt avec
eux les villes et les campagnes de la Judée,
prêchant aux peuples une doctrine infiniment
sainte, et marquant tous ses pas par des bienfaits
miraculeux. Il rend la vue aux aveugles, l'ouïe
aux sourds, le mouvement aux paralytiques, la
vie aux morts; il apaise d'un mot les tempêtes;
il chasse les démons ; deux fois il nourrit avec
quelques pains plusieurs milliers de personnes.

Mais tant de bienfaits, tant de miracles ne
sont payés que d'ingratitude et d'incrédulité.
Les prêtres Juifs, les docteurs de la loi, les
pharisiens, dont l'hypocrisie est démasquée, se
liguent contre le Sauveur du monde : plus d'une
fois ils essaient de le faire périr; mais leur
fureur demeure impuissante, tant que l'heure
de Jésus-Christ n'est pas arrivée. A mesure que
cette heure approche, Jésus prédit plus claire-
ment à ses Apôtres ce qu'il aura bientôt à
souffrir, et leur développe toutes les circonstances de sa passion. Enfin, après trois ans et
demi de prédication, la résurrection de Lazare,
opérée par Jésus à la vue de ses ennemis, au

lieu de les convertir, met le comble à leur animosité, et leur fait résoudre la mort du Sauveur.

D. Racontez-nous la mort et la résurrection de Notre-Seigneur.

R. Jésus, six jours avant la Pâque, est reçu dans Jérusalem en triomphe; le jeudi suivant, veille de sa mort, vers le soir, après avoir mangé l'agneau pascal avec ses Apôtres, il institue le sacrement de l'Eucharistie, puis il marche avec eux au jardin des Olives, où il essuie une longue et sanglante agonie. C'est là que Judas, disciple perfide et sacrilége, trahit par un baiser son divin Maître et le livre aux Juifs. Jésus, qui est toujours le Dieu fort, les renverse tous d'une parole, mais comme il est aussi un Dieu sauveur, et qu'il a résolu de mourir, il se remet entre les mains de ses ennemis.

Le lendemain, il est conduit, chargé de chaînes, chez Pilate, alors gouverneur de la Judée pour les Romains. On sollicite sa mort à grands cris. Aux calomnies, aux insultes, aux blasphèmes, Jésus ne répond que par le silence. Il est battu de verges, couronné d'épines, outragé par une vile et barbare soldatesque. Enfin, condamné à subir le supplice des esclaves, il monte au Calvaire chargé du bois de la croix. Vers la neuvième heure du jour il y expire, et par sa mort volontaire il triomphe de l'enfer et consomme la rédemption du genre humain.

A la vue du plus grand des crimes, le soleil s'obscurcit, la terre se couvre de ténèbres, les rochers se fendent, les tombeaux s'ouvrent, le voile du Temple se déchire : tout dans la nature paraît sensible à la mort de son auteur. Les soldats eux-mêmes, frappés d'épouvante et pénétrés de douleur, se retirent en confessant la divinité de Celui qu'ils on crucifié. Les pharisiens seuls et les prêtres juifs s'endurcissent, et ne songent qu'à détruire, s'il est possible, jusqu'au nom de Jésus-Christ. Mais que peuvent leurs efforts contre le Tout-Puissant? Le troisième jour il sort, selon sa parole, victorieux du tombeau; il se montre aux Apôtres assemblés, et renouvelle ces apparitions pendant quarante jours, qu'il emploie à les instruire et à les confirmer dans la foi. Le quarantième jour, il les conduit sur la montagne des Oliviers, d'où il s'élève dans les cieux, après leur avoir laissé l'ordre et le pouvoir de prêcher l'Evangile à toutes les nations.

D. Quel jour se fit la première publication de l'Evangile ?

R. Ce fut le jour de la Pentecôte, c'est-à-dire le dixième jour depuis l'ascension de Jésus-Christ et le cinquantième depuis sa résurrection. Les Apôtres et les autres disciples, avec Marie, mère de Jésus, et les saintes femmes qui l'avaient suivi, étaient tous rassemblés dans le cénacle, où ils persévéraient dans la prière, lorsque vers la troisième heure du jour on attendit tout-à-coup comme le bruit d'un vent impétueux. En même temps on vit paraître des langues de feu qui allèrent se reposer sur la tête de tous ceux qui étaient dans ce lieu. Aussitôt ils furent remplis du Saint-Esprit, ils commencèrent à parler diverses langues, et à publier hautement les merveilles qui venaient de s'opérer en eux.

Il y avait alors à Jérusalem un grand nombre de Juifs qui s'y étaient rassemblés de tous les pays du monde pour la fête de la Pentecôte. Au bruit du prodige, ils accoururent pour s'en assurer par eux-mêmes. Pierre, chef des Apôtres, prit de là occasion de leur prêcher l'Evangile et de leur faire connaître Jésus crucifié et ressuscité. Comme c'était l'Esprit-Saint qui parlait par sa bouche, son discours fut si efficace, que trois mille de ses auditeurs crurent en Jésus-Christ et reçurent le baptême. (L'an de Jésus-Christ 33.)

D. Quelle était la vie des premiers chrétiens?

R. Toute la multitude des nouveaux fidèles n'avait, selon l'expression de l'Ecriture, qu'un cœur et qu'une âme : aucun d'eux ne s'appropriait rien de ce qu'il possédait ; mais ils mettaient tout en commun. Il n'y avait point de pauvres parmi eux, parce que ceux qui avaient des terres et des maisons les vendaient et en apportaient le prix aux pieds des Apôtres, pour être distribué à chacun selon ses besoins. Ils étaient assidus à écouter la parole de Dieu ; ils persévéraient dans la prière et dans la fraction du pain, c'est-à-dire dans la participation de la divine Eucharistie. D'intempérants, d'ambitieux, d'avares, de voluptueux qu'ils avaient été pour la plupart, tous étaient devenus par le baptême des hommes nouveaux, des hommes doux et humbles de cœur, des hommes chastes et mortifiés, des hommes détachés des biens de la terre et prêts à tout perdre et à tout souffrir pour le nom de Jésus-Christ.

D. Les Apôtres éprouvèrent-ils quelques contradictions de la part des Juifs?

R. Ils en éprouvèrent de grandes. Les princes des prêtres, peu touchés de l'éclat de leurs miracles, de l'innocence de leur vie et de la sainteté de leur doctrine, les firent mettre en prison et battre de verges. Mais les Apôtres, pleins de joie d'avoir été jugés dignes de souffrir pour le nom de Jésus-Christ, semblaient prendre de nouvelles forces et s'animer d'un nouveau zèle à la vue des obstacles que l'enfer opposait aux progrès de l'Évangile.

Ce fut alors que fut lapidé par les Juifs saint Étienne, l'un des sept diacres établis par les Apôtres, et qui le premier de tous les fidèles eut l'honneur de donner sa vie pour Jésus-Christ. Quelque temps après, l'Apôtre saint Jacques frère de saint Jean l'Évangéliste, fut décapité ; et saint Pierre aurait eu le même sort, si un ange ne l'eût tiré de prison la nuit même qui précéda le jour destiné à son supplice.

D. Par quel prodige saint Paul fut-il changé de persécuteur en Apôtre?

R. Saint Paul, connu avant sa conversion sous le nom de Saul, avait contribué à la mort de Saint Étienne. Animé d'un faux zèle pour la loi de Moïse, il continuait de ravager l'Eglise de Dieu, et traînait en prison tout ce qu'il pouvait découvrir de fidèles.

Un jour qu'il allait à Damas, ne respirant contre eux que menace et carnage, il fut tout à coup environné d'une lumière plus éclatante que le soleil, et entendit une voix qui lui dit : «Saul, Saul, pourquoi me faites-vous la guerre? Je suis Jésus de Nazareth! en persécutant mes disciples, c'est moi-même que vous persécutez.»

Saul, terrassé par ce peu de paroles, s'écria d'une voix tremblante : « Seigneur, que voulez-vous que je fasse? — Levez-vous, reprit la voix, entrez dans la ville; là on vous apprendra ce que vous avez à faire. » Saul, que l'épouvante avait renversé, se releva ; mais comme il était devenu aveugle, ses compagnons le conduisirent par la main jusqu'à Damas, où, ayant recouvré miraculeusement la vue, il reçut le baptême et commença à prêcher l'Evangile.

Ceux qui savaient quelle fureur il avait montrée contre les fidèles ne pouvaient concevoir ce changement subit. Mais Saul, peu inquiet de ce qu'on pouvait dire ou penser de sa conversion, se fortifiait dans la foi; il confondait les Juifs, en leur prouvant par l'Ecriture, et plus encore par ses miracles, que Jésus était véritablement le Messie prédit par les prophètes, et envoyé de Dieu pour être le Sauveur des hommes.

D. Quel fut le premier d'entre les gentils qui embrassa la foi chrétienne ?

R. Ce fut un officier romain de Césarée nommé Corneille. Il craignait Dieu, et faisait aux pauvres d'abondantes aumônes. Un jour qu'il était en prière, un ange lui apparut et lui dit : « Vos prières et vos aumônes sont montées jusqu'au trône de la miséricorde divine. Ce que vous avez à faire, c'est d'envoyer chercher à Joppé un certain Simon surnommé Pierre ; il vous apprendra ce qu'il faut que vous fassiez pour être sauvé. » Aussitôt Corneille envoya à Joppé trois de ses serviteurs. Lorsqu'ils approchaient de la ville, Pierre eut une vision dans laquelle Dieu lui fit connaître que les gentils, aussi bien que les Juifs, étaient appelés à la connaissance de l'Evangile. Alors Pierre n'hésita plus à partir avec ceux qui le venaient chercher.

Cependant Corneille avait assemblé chez lui ses parents et ses amis. Dès qu'il aperçut Pierre, il se jeta à ses pieds comme pour l'adorer. Mais Pierre le releva et lui dit : « Levez-vous : je ne suis qu'un homme comme vous. » Puis adressant la parole à tous ceux qui s'étaient assemblés pour l'entendre, il leur fit connaître la vie, la doctrine et les miracles de Jésus-Christ.

Il n'avait pas achevé son discours que le Saint-Esprit descendit visiblement sur ses auditeurs et leur communiqua le don des langues. Pierre aussitôt les baptisa; et ces nouveaux fidèles furent comme les prémices de la conversion des gentils.

D. Les Apôtres ne prêchèrent-ils l'Evangile que dans la Judée?

R. Ils s'étaient d'abord fixés dans la Judée; mais Dieu, qui voulait que son nom fût connu chez toutes les nations, se servit de l'indocilité et de la méchanceté des Juifs pour obliger les prédicateurs de l'Evangile à se disperser dans les différentes contrées de l'univers. (L'an 45.)

Fidèles aux dispositions du Ciel, ils allèrent éclairer les nations plongées depuis tant de siècles dans l'idolâtrie. Saint Pierre porta la doctrine évangélique en Syrie, et ensuite à Rome. Saint Paul la porta dans l'Arabie, dans l'Asie Mineure, dans la Macédoine, dans la Grèce, d'où il alla rejoindre saint Pierre dans la capitale du monde. Saint Thomas annonça Jésus-Christ dans les Indes; saint Jean, dans l'Asie Mineure; saint André, chez les Scythes; saint Philippe, dans la haute Asie; saint Barthélemi, dans la grande Arménie; saint Matthieu, dans la Perse; saint Simon, en Mésopotamie; saint Jude, en Arabie; saint Mathias, en Ethiopie. C'est ainsi que, moins de trente ans après la première publication de l'Evangile, le vrai Dieu eut des adorateurs dans toutes les parties de l'univers.

D. Les Apôtres et les premiers disciples de Jésus-Christ ne prêchèrent-ils pas l'Evangile par écrit aussi bien que de vive voix ?

R. Ils nous ont laissé plusieurs écrits, qui tous ensemble forment ce que nous appelons le Nouveau Testament. Ces écrits sont les quatre Evangiles de Saint Matthieu, de saint Marc, de saint Luc et de saint Jean ; les Actes des Apôtres, par saint Luc ; les quatorze Epitres de saint Paul, celle de saint Jacques; deux de saint Pierre, trois de saint Jean ; une de saint Jude ; et enfin l'Apocalypse de saint Jean.

D. Quel fut l'auteur de la première persécution générale ?

R. Ce fut l'empereur Néron. Ce prince insensé et cruel avait incendié la ville de Rome pour se donner le plaisir de la voir brûler; puis il rejeta cette action atroce sur les chrétiens, qu'il haïssait d'ailleurs, parce que saint Paul avait fait des conversions jusque dans son palais. Néron ne se contenta pas des supplices ordinaires. Parmi un grand nombre de chrétiens qu'il fit mourir, les uns étaient enveloppés de peaux de bêtes sauvages, exposés à des chiens de chasse ; d'autres, revêtus de tuniques trempées dans la poix, étaient attachés à des poteaux, on y mettait le feu, et ils servaient ainsi de torches pour éclairer durant la nuit les jeux du cirque.

Ce fut alors que saint Pierre et saint Paul, ayant été enfermés dans la prison du Capitole, convertirent leurs gardes et les baptisèrent avec quarante-sept prisonniers. Saint Pierre fut condamné au supplice de la croix. Mais il demanda à être attaché la tête en bas, se jugeant indigne de mourir de la même manière que son divin Maître. Saint Paul, en qualité de citoyen romain, eut la tête tranchée (60).

Telle fut l'origine de la première persécution générale. Il est glorieux pour l'Eglise d'avoir eu Néron pour ennemi; le plus méchant des hommes méritait d'être le premier des persécuteurs.

D. Comment les Juifs furent-ils punis du déicide qu'ils avaient commis sur la personne du Sauveur?

R. Les Juifs, qui avaient toujours porté avec peine le joug des Romains, se révoltèrent contre eux, et cette révolte fut la cause de la ruine de leur ville. Ce fut alors que les chrétiens qui s'y trouvaient se retirèrent dans la petite ville de Pella, au milieu des montagnes de Syrie, suivant l'avis que Notre-Seigneur en avait donné à ses disciples. La division se mit entre les Juifs, et il se forma parmi eux différents partis qui commirent les plus grands excès.

Vespasien, général de l'armée romaine, laissait les Juifs se détruire eux-mêmes, pour en venir ensuite plus facilement à bout. Ayant été alors reconnu empereur, il chargea Titus son fils du siége de Jérusalem. Ce jeune prince vint camper à une lieue de la ville, et en ferma toutes les issues. Comme c'était vers la fête de Pâques, une grande multitude de Juifs s'y trouva renfermée, et bientôt la famine s'y fit sentir. La plupart des habitants étaient réduits à manger tout ce qu'ils trouvaient, et se l'arrachaient les uns aux autres. Les factieux, loin d'être touchés de ces maux, n'en paraissaient que plus furieux et plus obstinés à ne vouloir pas se rendre. Peu à peu la famine devint horrible : on fouillait jusque dans les égoûts et l'on dévorait les ordures les plus infectes.

Cependant Titus, qui s'était déjà rendu maître d'une partie de la ville, fit attaquer le Temple et mettre le feu aux portes, en ordonnant néanmoins de conserver le corps de l'édifice. Mais un soldat romain prit un tison, et le jeta dans un appartement intérieur : le feu prit aussitôt, et consuma entièrement le Temple, quelques efforts que fît Titus pour arrêter l'embrasement. Les Romains massacrèrent tout ce qui se trouva dans la ville et mirent tout à feu et à sang (70).

Ainsi fut accomplie la prophétie de Jésus-Christ. Titus lui-même déclara que ce succès n'était point son ouvrage, et qu'il n'avait été que l'instrument de la colère divine. Il périt durant le siége onze cent mille Juifs; le reste de ce peuple déicide fut vendu et dispersé dans tout l'univers, condamné par le Très-Haut à errer, sans princes, sans autel, sans sacrifice, parmi les nations, jusqu'à ce que, à la fin des siècles, il ouvre les yeux et reconnaisse son Dieu dans celui qu'il a crucifié.

D. La première persécution ne fut-elle pas suivie de près par une seconde?

R. Oui : les chrétiens avaient joui de quelque repos sous les empereurs pacifiques Vespasien et Titus. Mais Domitien, leur successeur, qui avait tous les vices de Néron, eut aussi sa haine contre le christianisme. Il publia un édit sanglant; et l'on peut juger de la manière dont cet édit fut exécuté par celle dont l'empereur traita les personnes les plus nobles de l'empire romain. Parmi une infinité de personnes de tout âge, de toute condition, il fit mourir l'un de ses plus proches parents.

Mais ce qui rendit plus célèbre la persécution de Domitien, ce fut le martyre de saint Jean. On le plongea dans une chaudière d'huile bouillante, sans qu'il en reçut aucun mal. Ce miracle arriva à Rome près de la porte Latine (93). Saint Jean, ayant ainsi échappé à la mort, fut relégué par Domitien dans l'île de Patmos, où il écrivit son Apocalypse. Ce saint Apôtre, après la mort de Domitien, revint à Éphèse. Il y vécut jusqu'à la fin du 1er siècle, et mourut avec la consolation de voir la semence de la foi porter des fruits dans tout l'univers.

D. Faites-nous connaître la troisième persécution, sous Trajan.

R. L'empereur Trajan, dont l'histoire loue d'ailleurs la clémence, contribua aux cruautés qu'on exerça contre les chrétiens dans la troisième persécution. Il voulut que les lois sanguinaires de ses prédécesseurs fussent exécutées dans l'empire. Nous en avons une preuve dans la réponse de ce prince à Pline le Jeune, gouverneur de Bithynie. Pline avait écrit à Trajan pour le consulter sur la conduite qu'il devait tenir à l'égard des chrétiens. «Toute leur erreur, dit-il, consiste à chanter des hymnes en l'honneur du Christ. Il y en a un très-grand nombre, de tout âge et de tout état, dans les villes et dans les campagnes, tellement que les temples de nos dieux sont presque déserts. Du reste, leur conduite est pure et innocente.» Tel est le témoignage qu'un persécuteur rendait au nombre et à la sainteté des chrétiens. Trajan lui répondit qu'il ne fallait point rechercher les chrétiens; mais que, s'ils étaient accusés et convaincus, il fallait les punir de mort. Réponse absurde; car, si les chrétiens étaient coupables, pourquoi défendre de les rechercher? s'ils étaient innocents, pourquoi les punir de mort?

Deux des plus illustres martyrs que fit cette persécution furent saint Ignace, évêque d'Antioche, qui fut condamné à être exposé aux bêtes, et saint Simon, proche parent de Notre-Seigneur, évêque de Jérusalem, et alors âgé de cent vingt ans. Celui-ci fut dénoncé non-seulement comme chrétien, mais encore comme étant de la race de David. A ce double titre, on lui fit souffrir divers supplices, qu'il endura avec une constance admirable. Enfin Trajan le condamna à mourir sur une croix (114).

D. Quelle était l'étendue de l'Eglise chrétienne au milieu du IIe siècle ?

R. Dès le milieu du IIe siècle, l'Eglise encore naissante remplissait déjà toute la terre ; elle était répandue non-seulement dans l'Orient, c'est-à-dire dans la Palestine, la Syrie, l'Egypte, l'Asie Mineure et la Grèce, mais encore dans l'Occident, c'est-à-dire dans l'Italie, les Gaules, l'Espagne, l'Afrique, la Germanie, la Grande-Bretagne. Elle s'étendait dans les pays impénétrables aux armes romaines, dans l'Arménie, la Perse, les Indes ; chez les peuples les plus barbares, les Sarmates, les Daces, les Scythes, les Maures, les Gétules, et jusqu'aux îles les plus inconnues, tout était plein de chrétiens.

D. A quoi faut-il attribuer la quatrième persécution, sous Marc-Aurèle ?

R. Aux calomnies dont on chargeait le christianisme. Prévenu par ces calomnies, l'empereur Marc-Aurèle renouvela les édits de persécution (162). Les premières persécutions s'exercèrent à Smyrne, et elles furent horribles. On déchirait tellement les chrétiens à coups de fouet, qu'on leur voyait les veines, les artères et même les entrailles. Au milieu de ces tourments, ils demeuraient inébranlables, et tandis que les spectateurs étaient attendris jusqu'aux larmes, ces généreux soldats de Jésus-Christ se présentaient avec joie aux supplices, et leur bouche ne s'ouvrait que pour bénir le Seigneur. Un jeune homme nommé Germanique fortifiait les autres par son exemple. Avant qu'on l'exposât aux bêtes, le juge fit un dernier effort pour le gagner; mais le saint martyr répondit qu'il aimerait mieux perdre mille vies que d'en conserver une au prix de son innocence ; puis s'avançant vers un lion qui venait à lui, et cherchant la mort dans les griffes et les dents de cet animal furieux, il se hâta de sortir d'un monde où l'on ne respirait que le crime et l'impiété.

Ce fut dans cette persécution que saint Polycarpe, disciple de l'apôtre saint Jean, et évêque de Smyrne, fut condamné à être brûlé vif, et rendit un glorieux témoignage à la divinité de Jésus-Christ.

D. Quel événement miraculeux suspendit pour un temps la quatrième persécution?

R. L'empereur Marc-Aurèle fit cesser la quatrième persécution à l'occasion d'une faveur signalée que lui obtinrent du Ciel des soldats chrétiens qui servaient dans son armée. Les troupes romaines se trouvaient engagées dans les montagnes de la Bohême, et enveloppées par les Barbares, supérieurs en nombre. C'était dans les chaleurs de l'été, et l'on manquait d'eau. Dans

cette extrémité, ceux des soldats qui étaient
chrétiens se mirent à genoux, et adressèrent à
Dieu de ferventes prières à la vue de l'ennemi,
qui s'en moquait. Mais tout à coup le ciel se
couvrit de nuages, et une grande pluie tomba
du côté des Romains. D'abord ils levaient la
tête et recevaient l'eau dans leur bouche, tant
la soif les pressait ; ensuite ils emplirent leurs
casques, et burent abondamment, eux et leurs
chevaux. Les Barbares crurent ce moment favorable pour les attaquer. Mais le Ciel, s'armant
pour les Romains, fit tomber sur leurs ennemis
une grêle épouvantable mêlée de foudres, qui
écrasait leurs bataillons ; de sorte qu'ils furent
vaincus et taillés en pièces. Les troupes chrétiennes qui avaient obtenu cette faveur du Ciel
reçurent le nom de légion Fulminante. L'empereur, frappé d'un tel prodige, cessa pour un
temps de persécuter les chrétiens ; et l'on éleva
à Rome un monument durable subsistant encore aujourd'hui, où l'on voit gravée en bas-
relief la représentation de cet événement glorieux à la religion (174).

Mais, trois ans après, l'empereur oublia ce
qu'il devait aux chrétiens ; la persécution se
ranima dans les Gaules ; elle éclata surtout à
Autun, où le jeune saint Symphorien signala
son courage, et à Lyon, où le vénérable saint
Pothin, premier évêque de cette ville, s'immola
pour la foi avec un grand nombre de fidèles.

D. Faites-nous connaître la cinquième persécution, sous Septime-Sévère.

R. L'empereur Sévère avait d'abord paru favorable aux chrétiens ; mais la dixième année de son règne, il publia contre eux de sanglants édits, qui furent exécutés avec tant de rigueur, que plusieurs crurent que le temps de l'Antechrist était arrivé.

La persécution s'étendit jusque dans les Gaules, où elle attaqua principalement la ville de Lyon. Saint Irénée, qui en était évêque, avait été disciple de saint Polycarpe. L'empereur, voyant la ville devenue presque toute chrétienne par les soins de ce saint prélat, prit une résolution bien digne de la cruauté d'un persécuteur. Il donna ordre à ses soldats d'entourer la ville et de faire main basse sur tous ceux qui se déclareraient chrétiens. Le massacre fut presque général. Saint Irénée fut conduit devant le prince, qui le fit mettre à mort, s'applaudissant d'avoir égorgé le pasteur et le troupeau. Une ancienne inscription que l'on voit encore à Lyon marque que, sans compter les femmes et les enfants, le nombre des martyrs alla à dix-neuf mille (203).

La persécution ne fut guère moins violente à Carthage, où sainte Perpétue et sainte Félicité, suivies d'une troupe d'autres martyrs, allèrent à la mort avec une joie qui ne pouvait leur être inspirée que par Celui pour qui elles souffraient.

D. Les chrétiens n'étaient-ils pas calomniés en même temps que persécutés?

R. Oui; ils étaient en butte aux calomnies les plus atroces. On les regardait comme des sacriléges, des ennemis publics, des gens noircis de toutes sortes de crimes; et l'on se mettait peu en peine d'examiner s'ils étaient en effet tels qu'on les représentait. Mais Dieu suscita des hommes aussi grands en science qu'en sainteté, qui défendirent les mystères et la morale du christianisme.

Saint Justin adressa aux empereurs deux apologies vives et touchantes, qui éclairèrent une foule de païens, et qui valurent à ce généreux athlète la couronne du martyre. Peu après, le célèbre Tertullien, prêtre de Carthage, publia une nouvelle apologie, et celle-ci porta un coup mortel au paganisme (205).

D. Citez-nous quelques passages de l'Apologétique de Tertullien.

R. Après avoir établi la divinité du christianisme, Tertullien repousse avec force les calomnies dont on chargeait les chrétiens. « On nous accuse, dit-il, de révolte et de désobéissance aux empereurs. Mais en quoi nous sommes-nous révoltés? Souvent le peuple nous poursuit à coups de pierres, on brûle nos maisons, on nous tourmente, on nous fait mourir dans les supplices les plus cruels. Qu'avons-nous fait pour nous venger de tant d'injustice?

Si nous voulions vous faire une guerre ouverte, manquerions-nous de troupes ? Nous ne sommes que d'hier, et déjà nous remplissons vos villes, vos bourgades, vos camps, le palais, le sénat : nous ne laissons vides que vos temples. Manquerions-nous de force, nous qui ne craignons pas la mort, si ce n'était une de nos maximes de la souffrir plutôt que de la donner? Pour nous venger, ce serait assez de vous abandonner et de nous retirer hors de l'empire, vous seriez épouvantés de votre solitude. »

Ensuite Tertullien décrit ce qui se passait dans les assemblées des chrétiens, que l'on traitait de factieuses. « Nous nous réunissons, dit-il, pour prier Dieu en commun ; ceux qui président sont des vieillards d'une vertu éprouvée, qui sont parvenus à cet honneur non par argent, mais par le bon témoignage de leur vie. S'il y a parmi nous un trésor, il sert à l'entretien des pauvres et de tous les malheureux ; car nous ne souffrons pas qu'ils restent sans secours. Comme nous n'ayons qu'un cœur et qu'une âme, nous n'hésitons pas à nous aider les uns les autres. Il ne faut pas s'étonner si une telle amitié produit des repas : ces repas se nomment *agapes*, c'est-à-dire *charité*. Les pauvres comme les riches y sont admis. Tout s'y passe dans la modestie ; on s'y entretient comme sachant que Dieu est présent ; le repas commence et finit par la prière.

« En quoi donc, continue Tertullien, méritons-nous la mort ? Vous, magistrats, qui jugez les criminels, parlez : s'en trouve-t-il un qui soit chrétien ? J'en prends à témoin vos registres : parmi les malfaiteurs que vous condamnez tous les jours pour leurs crimes, il n'y a pas un seul chrétien. L'innocence est pour nous une nécessité : nous la connaissons, l'ayant apprise de Dieu même, qui est un maître parfait : et nous la gardons fidèlement, comme ordonnée par un Juge que l'on ne peut tromper. »

Telle était encore la vie des chrétiens au commencement du IIIe siècle de l'Eglise.

D. Comment se distingua Origène ?

R. Origène était fils de saint Léonide, qui souffrit à Alexandrie pour la foi, dans la persécution de Septime-Sévère. Le saint martyr l'avait élevé avec le plus grand soin, et l'avait instruit non-seulement dans les belles-lettres, mais encore dans les saintes Ecritures. Le jeune Origène répondit à ses soins par les progrès merveilleux qu'il fit dans les sciences et plus encore dans la vertu. Souvent son père s'approchait de lui tandis qu'il dormait, et lui découvrant la poitrine, il la baisait avec respect, comme étant le temple du Saint-Esprit. Origène conçut un si vif désir du martyre, que sa mère, ne pouvant l'arrêter par ses prières et par ses larmes, fut obligée de cacher ses habits pour l'empêcher de courir à la mort. Les biens d'Origène ayant été confisqués par les persécuteurs, il fut réduit à l'indigence ; mais bientôt après ses talents le firent mettre à la tête de l'école d'Alexandrie, qui était alors très-célèbre, et lui attirèrent une foule prodigieuse d'auditeurs.

Origène ne se distingua pas moins par son zèle que par sa science. Il visitait les chrétiens emprisonnés pour la foi ; il les accompagnait jusqu'au lieu du supplice. Il exposa souvent sa vie dans ces occasions, et plus d'une fois il fut sur le point d'être lapidé ou assommé. Enfin, on l'arrêta et on le mit dans un cachot, où il eut à souffrir la faim, la soif, la nudité. Mais l'habitude d'une vie austère l'avait endurci à toutes les épreuves, et ni les rigueurs ni la dureté de ces souffrances ne purent ébranler son courage. Il mourut en paix, vers le milieu du IIIᵉ siècle. Le plus solide et le plus célèbre de ses ouvrages est une apologie de la religion chrétienne, qu'il publia pour réfuter les calomnies dont les philosophes païens chargeaient les chrétiens.

D. Faites-nous connaître la sixième persécution, sous Maximin, et la septième, sous Dèce.

R. Les successeurs de Septime-Sévère laissèrent les chrétiens en paix. Alexandre leur fut même favorable. Il honorait Jésus-Christ comme l'un de ses dieux, et il avait placé sa statue dans une espèce de temple domestique. Cette inclination d'Alexandre pour les chrétiens fut pour Maximin, son successeur, une raison de les haïr. Ce prince, naturellement féroce, commença contre eux une persécution, que l'on compte pour la sixième, et qui tomba particulièrement sur les évêques et sur les prêtres. Le détail de cette persécution n'est pas venu jusqu'à nous, et d'ailleurs elle ne fut pas longue, parce que le persécuteur fut tué par ses soldats après un règne fort court (237).

La septième persécution fut excitée par l'empereur Dèce (250). Dès le commencement de son règne, il publia contre les chrétiens un édit sanglant que l'on exécuta avec une extrême rigueur. Les fouets, le feu, les bêtes féroces, la poix bouillante, les tenailles brûlantes, tous les genres de supplices furent mis en usage. Le nombre de ceux qui souffrirent alors pour la foi fut si grand, qu'il ne serait pas possible de les compter. Beaucoup de chrétiens, pour se soustraire à la persécution, s'enfuirent dans les déserts. De ce nombre fut saint Paul, né dans la Thébaïde : il se retira fort jeune dans la solitude, et y mena une vie angélique, entièrement séparé du monde et intimement uni à Dieu.

D. Quelle fut la cause de la huitième persécution, sous Valérien ?

R. Ce fut l'aveugle crédulité de cet empereur. Il se laissa persuader par les prêtres de ses faux dieux que, pour réussir dans une guerre qu'il entreprenait, il fallait abolir le christianisme. En conséquence il publia un édit de persécution, et cette persécution, comme les précédentes, procura la gloire du martyre à un grand nombre de chrétiens (257). Parmi les plus illustres on peut compter saint Cyprien, évêque de Carthage, et saint Laurent, premier diacre de l'Eglise romaine.

Ce fut pendant cette persécution qu'un jeune homme nommé Cyrille montra un courage extraordinaire à Césarée en Cappadoce. Son père, qui était idolâtre, ne pouvant le porter à invoquer les faux dieux, le chassa de chez lui, après l'avoir maltraité. Le juge, qui en fut informé, envoya des soldats, qui lui amenèrent le jeune Cyrille. « Mon enfant, lui dit-il avec douceur, je veux bien vous pardonner en considération de votre âge ; soyez sage, et renoncez à vos superstitions. » L'enfant répondit : « Je suis bien aise de souffrir pour ce que j'ai fait : si je suis chassé de la maison paternelle, j'en habiterai une autre qui est plus grande et plus belle ; je ne crains pas la mort, parce qu'elle est suivie d'une meilleure vie. » A ces mots, le juge, prenant un air sévère, le fit lier comme pour le mener au supplice : il ordonna de préparer un bûcher et d'y mettre le feu. Mais cet admirable enfant n'en parut pas effrayé ; il se laissa conduire sans verser une larme. On l'approcha du feu, on le menaça de l'y jeter ; mais il ne perdit rien de sa constance. On le ramena au juge qui lui dit : « Eh bien ! vous avez vu le glaive, vous avez vu le feu ; serez-vous sage maintenant ? » Le jeune Cyrille répondit : « Vous m'avez fait grand tort de me rappeler ; je ne crains ni l'épée ni le feu : je soupire après des richesses plus solides que celles de mon père. C'est Dieu qui doit me récompenser ; hâtez-vous de me faire mourir, afin que j'aille à lui plus promptement. » Les assistants pleuraient en l'entendant parler de la sorte ; mais il leur disait : « Vous devriez vous réjouir avec moi, au lieu de chercher à m'affaiblir par vos larmes : ah ! vous ne savez pas quelle est la gloire qui m'attend ! laissez-moi finir ma vie temporelle. » Ce fut dans ces sentiments qu'il retourna au lieu du supplice, et qu'il reçut la couronne du martyre.

D. Faites-nous connaître la neuvième persécution, sous Aurélien.

R. L'empereur Aurélien, qui dans les premières années de son règne n'avait ps été contraire aux chrétiens, changea tout à coup de conduite. Il était sur le point de signer un édit terrible contre eux, lorsqu'il fut arrêté par la foudre, qui tomba à ses pieds. La frayeur dont il fut saisi lui fit pour lors abandonner son dessein. Quelque temps après il l'exécuta. Mais les édits n'avaient pas encore été portés dans les provinces éloignées quand il mourut (275).

Cependant la haine que cet empereur avait manifestée contre les chrétiens avant sa mort ne laissa pas de faire beaucoup de martyrs. Parmi ceux-ci fut saint Denis, premier évêque de Paris. Son zèle à étendre la foi dans cette capitale et dans les provinces voisines lui a mérité le titre d'Apôtre des Gaules. Il fut pris avec un prêtre et un diacre ; après avoir souffert divers genres de supplices, ils eurent tous trois la tête tranchée sur une montagne proche de Paris, nommée depuis pour ce sujet le mont des Martyrs, et vulgairement Montmartre.

D. Quel fut le caractère particulier de la dixième persécution, sous Dioclétien et Maximien?

R. Cette dixième persécution, qui fut la dernière, fut aussi la plus longue et la plus cruelle de toutes (303). On exerça contre les chrétiens des cruautés jusqu'alors inouïes. Les uns furent pendus la tête en bas, et étouffés par un feu lent, ou rôtis sur des gris; d'autres, tenaillés et déchirés avec des morceaux de pots cassés; à d'autres, on enfonçait des roseaux pointus sous les ongles, et l'on versait sur eux du plomb fondu. Dans la Phrygie, une ville entière. dont tous les habitants étaient chrétiens, fut investie par les soldats, qui y mirent le feu : les hommes, les femmes, les enfants, tous moururent dans les flammes, en invoquant le nom de Jésus-Christ. « Toute la terre, dit un auteur contemporain, fut inondée de sang depuis l'orient jusqu'à l'occident. »
Ce fut par le palais même des empereurs que commença la persécution. Plusieurs des premiers de la cour étaient chrétiens; on voulut les obliger de sacrifier aux idoles; mais ils aimèrent mieux perdre leurs dignités, leurs biens, leur liberté, et souffrir les plus cruelles tortures, que de manquer de fidélité à leur Dieu.

On vit la légion Thébéenne, animée par saint Maurice, son chef, mettre bas les armes et se laisser égorger tout entière, au nombre de six mille hommes.

Cette horrible persécution fut le dernier effort que les démons firent pour éteindre le christianisme; mais, au lieu de l'éteindre, elle acheva de l'établir. L'Eglise lassa les persécuteurs par sa patience. Les tyrans qui avaient prétendu l'anéantir désespérèrent de la vaincre, et plusieurs d'entre eux expirèrent avec la douleur de voir assis sur le trône des Césars un prince qui allait arborer l'étendard de la Croix sur le Capitole, et consacrer toute sa puissance à la ruine de l'idolâtrie.

D. Comment l'Evangile, au milieu des persécutions, a-t-il pu se soutenir, se répandre, et changer enfin la face de l'univers?

R. Le principal moyen dont Dieu se servit pour opérer un changement si merveilleux fut la vie sainte des premiers chrétiens, le spectacle de leur innocence, de leur détachement, de leur héroïque charité. Les miracles qui suivaient leurs paroles frappaient tous les regards, et convainquaient les plus obstinés. Il n'y avait point de chrétien qui ne forçât les démons de confesser, en présence des païens mêmes, la vérité du christianisme. Mais ce qui étonnait davantage, c'était la constance invincible et la patience exraordinaire avec laquelle ces généreux défenseurs de la foi enduraient les plus cruels tourments. Il n'était pas rare de voir ces saints martyrs prêcher Jésus-Christ jusque sur l'échafaud, convertir leurs gardes, les spectateurs de leur mort, quelquefois même les juges et les bourreaux. Ainsi, plus on en égorgeait, plus il s'en reproduisait : le sang des martyrs était une semence féconde d'où sortait sans cesse une multitude de nouveaux chrétiens.

D. L'Eglise n'a-t-elle pas eu à combattre l'hérésie même au milieu des persécutions ?

R. L'Eglise fut attaquée, dans cette première époque, par plusieurs hérésies que le démon suscitait pour essayer de séduire par l'erreur ceux qu'il n'avait pu abattre par les tourments. Les principaux hérésiarques furent : 1° Simon le Magicien, qui se déclara l'ennemi des chrétiens pour n'avoir pu engager l'apôtre saint Pierre à lui vendre à prix d'argent le pouvoir de donner le Saint-Esprit ; 2° Montan, qui, par un zèle outré, voulait qu'on se présentât de soi-même au martyre, et défendait d'admettre les pécheurs à la pénitence ; le célèbre Tertullien eut le malheur de se laisser séduire par les Montanistes ; 3° Manès, chef des Manichéens, qui distinguait deux divinités, l'une bonne, l'autre mauvaise. Il proscrivait l'aumône, les sacrements, le culte des saintes images ; il défendait de croire que Jésus-Christ se fût incarné. Il ajoutait à cette doctrine impie une foule d'extravagances et d'abominations dont ses confidents seuls avaient le secret (277).

Pour confondre les hérétiques, Dieu suscita dans chaque siècle de savants docteurs, qui foudroyèrent l'erreur à mesure qu'elle se montrait, et dont plusieurs scellèrent de leur sang les vérités qu'ils avaient défendues par leurs écrits. Tels furent, dans les trois premiers siècles, Clément d'Alexandrie, saint Justin, saint Irénée, saint Cyprien, Tertullien, Origène, etc.

DEUXIÈME ÉPOQUE.

Depuis la conversion de Constantin, l'an de J.-C. 312, jusqu'au baptême de Clovis, l'an de J.-C. 496. Elle renferme 184 ans.

D. Comment Dieu, après trois siècles de persécution, rendit-il la paix à son Eglise?

R. Ce fut par la conversion de Constantin au christianisme. Lorsque Dieu eut assez fait connaître que l'établissement de l'Eglise était son ouvrage, et que toutes les puissances de la terre et de l'enfer ne pouvaient rien contre elle, il y appela les empereurs, et fit du grand Constantin le disciple et le protecteur de la religion.

La couronne impériale était disputée à ce

prince par le tyran Maxence, qui s'était rendu maître de Rome. Constantin s'approcha de cette ville pour le combattre ; et cependant, dejà prévenu en faveur de la foi des chrétiens, il conjurait leur Dieu de se faire connaître à lui. Comme son cœur était droit, il fut exaucé. Un jour qu'il marchait à la tête de ses troupes, par un temps calme et serein, il aperçut dans le ciel une croix éclatante au milieu de laquelle étaient tracés ces mots : *Par ce signe vous serez victorieux.* Toute l'armée vit ce prodige aussi bien que le prince. Encouragé par cette vision céleste, il attaqua son ennemi, qui prit la fuite et fut noyé dans le Tibre. Rome aussitôt ouvrit ses portes à Constantin, et dès lors celui-ci fit profession publique du christianisme.

D. Que fit Constantin, après sa conversion, en faveur de la religion chrétienne ?

R. Il s'appliqua à remédier à tous les maux qu'avaient faits les empereurs précédents ; il rappela les exilés, il fit rendre aux chrétiens leurs églises, il en fit bâtir de nouvelles et les décora magnifiquement. Il traita avec toutes sortes d'honneurs les ministres de la religion, et surtout les souverains pontifes, qui jusqu'alors avaient été persécutés d'une manière particulière, et dont plus de trente avaient donné leur vie pour Jésus-Christ. Les chrétiens considéraient avec étonnement et actions de grâces ces merveilles de la puissance divine. La vraie religion paraissait vénérable aux idolâtres mêmes, lorsqu'ils voyaient l'empereur en pratiquer tous les devoirs. Son exemple eu attira un grand nombre au christianisme. A son entrée dans Rome, il voulut que la croix, qui avait été le gage de sa victoire, fût le plus bel ornement de son triomphe : elle parut sur le haut de sa couronne, et fut arborée jusque sur le Capitole, comme pour annoncer à l'univers le triomphe d'un Dieu crucifié.

D. Comment Dieu remédia-t-il au relâchement qui s'introduisit parmi les chrétiens après que la paix eut été rendue à l'Eglise ?

R. Dans la foule innombrable des paiens qui, à l'exemple de Constantin, embrassèrent la foi, il était difficile qu'il ne s'en trouvât beaucoup qui ne le fissent par des voies purement humaines. Plusieurs même des anciens chrétiens se relâchèrent, par un effet du repos et de la tranquillité dont ils jouissaient. Dans de telles conjonctures, il était de la sagesse et de la bonté de Dieu de fournir à ses fidèles serviteurs un moyen de conserver leur ancienne ferveur, et de perpétuer dans son Eglise la pratique de toutes les vertus. C'est ce qu'il fit en commençant à peupler les déserts d'une multitude de solitaires dont la vie ressemblait à celle des anges.

Saint Antoine, qui fut l'auteur de cette nouvelle institution, était né en Egypte, de parents riches et vertueux. Ayant un jour entendu lire dans l'église ces paroles de l'Evangile : *Si vous voulez être parfait, vendez tout ce que vous avez, donnez-le aux pauvres, et vous aurez un trésor dans le ciel*, il les exécuta à la lettre, puis il se retira dans une solitude. Son lit était une natte ou la terre nue; il ne mangeait qu'une fois le jour, après le coucher du soleil, et seulement du pain et de l'eau; son habit consistait en un cilice et un manteau de peau. Après qu'il eut longtemps vécu de la sorte dans les déserts de la Thébaïde, Dieu lui accorda le don des miracles : ce qui lui attira bientôt une foule de disciples, pour lesquels il fallut bâtir un grand nombre de monastères. Formés par un tel maître, les solitaires devinrent pour le monde entier un spectacle non moins admirable que l'avait été celui des martyrs.

D. Quelle était la vie des anciens solitaires ?

R. La vie des solitaires avait pour objet l'observation des conseils évangéliques, c'est-à-dire de la pauvreté, de l'obéissance et de la chasteté parfaite. Pour y parvenir, ils employaient quatre moyens principaux : la solitude, le travail, le jeûne et la prière.

Les déserts où ils s'enfonçaient étaient des lieux non-seulement inhabités, mais inhabitables, des plaines arides, des rochers stériles; ils y bâtissaient de pauvres cellules de bois ou de roseaux. Leur travail était continuel; il consistait à faire des nattes ou des corbeilles de jonc, qu'ils vendaient et dont ils donnaient le prix aux pauvres. Ils jeunaient toute l'année, excepté le dimanche et le temps pascal ; et ce régime austère, loin de les affaiblir, fortifiait leur santé, et les faisait parvenir, pour la plupart, à une extrême vieillesse. Ils se rassemblaient deux fois par jour pour prier en commun : à chaque fois ils récitaient douze psaumes, suivis d'une lecture de l'Ecriture sainte. Le reste du jour ils priaient en travaillant, enfermés dans leurs cellules. Enfin ils obéissaient tous comme des enfants à leurs supérieurs.

Ces communautés étaient très-nombreuses ; quelquefois elles allaient à plusieurs milliers de religieux réunis sous la conduite d'un seul abbé. De la Thébaïde, où elles avaient pris naissance, elles se répandirent bientôt dans la Palestine, dans la Syrie, dans la Grèce et dans tout l'Orient.

Tels sont les fruits de vertu qu'a produits l'Evangile. L'Eglise n'a pas été moins riche en exemples qu'en préceptes, et sa doctrine a paru sainte en produisant une infinité de saints.

D. Quelles nouvelles attaques le démon forma-t-il contre l'Eglise lorsqu'elle eut triomphé des persécutions ?

R. L'enfer, voyant les idoles renversées, essaya de troubler l'Eglise par un grand nombre de schismes et d'hérésies, qui ne cessèrent de la déchirer pendant plus de quatre cents ans ; mais, en lui livrant de nouveaux combats, il lui fournit la matière de nouveaux triomphes.

D. En quoi consistait l'hérésie d'Arius, et comment fut-elle condamnée?

R. Arius, prêtre d'Alexandrie, attaqua la divinité de Jésus-Christ, et avança que le Fils de Dieu n'est pas égal à son Père. Cette doctrine, inconnue jusqu'alors, causa un grand scandale ; on la repoussa avec horreur ; on cria à l'impiété, au blasphème. Arius néanmoins trouva des partisans.

L'empereur, averti des progrès de la nouvelle hérésie, résolut, par le conseil des évêques, d'assembler un concile œcuménique. Bientôt les évêques se trouvèrent réunis à Nicée au nombre de trois cent dix-huit, présidés par Osius, évêque de Cordoue, légat du pape saint Silvestre. Jamais assemblée ne fut plus vénérable : plusieurs de ceux qui la composaient étaient des saints illustres, et portaient encore les cicatrices des plaies qu'ils avaient reçues pour la foi dans la dernière persécution.

Le jour de la séance publique étant arrivé, tous les évêques se rendirent dans une grande salle, où Constantin entra lui-même le dernier, en donnant les plus grandes marques de respect pour cette auguste assemblée. On fit paraître Arius, qui osa avancer et soutenir ses blasphèmes en présence du concile : tous les Pères en eurent horreur et se bouchèrent les oreilles. D'après le témoignage de l'Ecriture et de la tradition, il fut déclaré que Jésus-Christ est égal à son Père, vrai Dieu lui-même, et qu'il a une même substance, une même nature avec lui. Ce dogme fut exprimé par le mot *consubstantiel*, qui devint la marque distinctive des catholiques. On dressa ensuite la profession de foi solennelle si connue sous le nom de symbole de Nicée. Les évêques prononcèrent anathème contre Arius. En vertu de ce jugement, l'empereur condamna cet impie et ses partisans à l'exil. Telle fut la conclusion de cette célèbre assemblée, dont la mémoire a toujours été en vénération dans l'Eglise (325).

D. Les ariens se soumirent-ils au jugement qui condamnait leurs erreurs ?

R. Le caractère particulier de l'hérésie, c'est le mensonge et l'obstination. Les ariens confondus eurent recours à la ruse : ils feignirent d'admettre la foi de Nicée, et obtinrent ainsi d'être rappelés de leur exil. Ensuite ils travaillèrent à prévenir l'empereur contre les évêques catholiques. L'évêque d'Alexandrie, saint Athanase, était leur plus redoutable adversaire. Ils parvinrent à le faire chasser de son église, et y établirent à main armée un intrus, qui se signala par ses violences et ses cruautés contre les catholiques (341).

Constance, fils et successeur de Constantin, s'était livré aux ariens : il entreprit de les faire triompher, et dans ce dessein il assembla un concile à Rimini. Tant que les évêques furent libres, ils déclarèrent qu'il fallait s'en tenir à la foi de Nicée, et anathématisèrent l'arianisme. Mais l'empereur, mécontent de ce décret, envoya un de ses officiers, qui par ruses et par menaces obligea les évêques à signer une formule de foi où ne se trouvait pas le mot *consubstantiel*. Cette formule n'était point hérétique ; mais elle n'exprimait pas suffisamment la foi de l'Eglise (349). Les ariens en triomphèrent, comme si par là on eût adopté leur hérésie. Mais les évêques qui avaient souscrit la formule, ayant reconnu le mauvais sens que lui donnaient les ariens, réclamèrent hautement et protestèrent de leur attachement inviolable à la foi de Nicée. D'ailleurs le pape Libère et tous les évêques répandus dans le monde chrétien s'élevèrent avec force contre ce scandale. Ainsi, ni les artifices ni les violences ne purent obscurcir la foi catholique, et la vérité prévalut sur le mensonge, malgré les efforts d'un prince livré à la faction arienne et armé en sa faveur.

D. L'empereur Julien n'entreprit-il pas de relever le culte des idoles ?

R. Ce prince apostat, non content d'avoir abandonné la religion chrétienne, entreprit de la détruire. Personne n'ignore qu'il essaya, pour donner un démenti au fils de Dieu, de rebâtir le temple de Jérusalem, et que le plus avéré comme le plus éclatant des miracles le força de renoncer à son entreprise, après qu'il eut achevé lui-même de vérifier l'oracle de Jésus-Christ en enlevant jusqu'à la dernière pierre de cet édifice (363).

Déconcerté sans être éclairé, Julien n'en poursuivit qu'avec plus d'ardeur son plan de persécution. Il fomentait la division entre les catholiques et les hérétiques; il dépouillait le clergé de ses biens et de ses priviléges, afin, disait-il, de lui faire pratiquer la pauvreté évangélique. Il exigeait des chrétiens des sommes pour la réparation des temples d'idoles; il n'en admettait aucun dans aucune charge, et ne leur permettait pas même de se défendre devant les tribunaux. « Votre religion, leur disait-il par dérision, vous interdit les procès et les querelles. » Enfin il fit défense à tous les chrétiens d'enseigner les lettres et les sciences humaines, donnant pour raison qu'ils devaient demeurer dans l'ignorance, et croire sans raisonner. Ce genre de persécution aurait été plus funeste à l'Eglise que la cruauté des Néron et des Dioclétien, si Dieu n'avait renversé l'infernal projet de Julien par une mort prématurée.

D. Quels sont les principaux docteurs que Dieu suscita dans le IV⁰ siècle pour éclairer et soutenir son Eglise?

R. Après saint Athanase, qui fut pendant une longue vie le fléau de l'arianisme et le principal rempart de la foi catholique, on compte 1⁰ saint Martin, évêque de Tours, qui, par ses miracles encore plus que par ses prédications, acheva de détruire le paganisme dans les Gaules; 2º saint Jean Chrysostome, évêque de Constantinople, célèbre par son éloquence chrétienne et par son zèle apostolique pour la réforme des abus ; 3ᵉ saint Ambroise, évêque de Milan, et saint Hilaire, évêque de Poitiers, qui résistèrent avec une constance invincible aux princes protecteurs de l'hérésie et qui empêchèrent l'arianisme de s'établir dans l'Occident; 4º saint Basile, évêque de Césarée en Cappadoce, et saint Grégoire de Nazianze, dont les vertus et les travaux contribuèrent beaucoup à la chute de l'arianisme dans l'Orient.

D. Faites-nous connaître plus particulièrement saint Basile et saint Grégoire de Nazianze.

R. Ces deux saints étaient étroitement unis. Leur amitié avait commencé dès le temps qu'ils faisaient ensemble leurs études à Athènes. C'est saint Grégoire lui-même qui va nous apprendre ce qui y donna lieu.

« Nous avions, dit-il, tous deux le même
» but : et ce but était la vertu. Nous nous
» servions mutuellement de surveillants, en nous
» exhortant l'un l'autre à la piété. Nous n'a-
» vions aucun commerce avec ceux de nos
» compagnons qui paraissaient peu réglés; et
» nous ne fréquentions que ceux qui, par leur
» modestie et leur sagesse, pouvaient nous
» soutenir dans la pratique du bien. Nous ne
» connaissions à Athènes que deux chemins,

» celui de l'église et celui des écoles : pour
» celui qui conduisait aux fêtes mondaines,
» aux spectacles, aux assemblées profanes,
» nous l'ignorions absolument. » Quels plus
beaux modèles à proposer aux jeunes gens
que ces deux saints ? Heureux ceux qui, dans
un âge encore tendre, ne forment de liaisons
que pour s'exciter à la vertu, et qui com-
prennent de bonne heure la vanité des plaisirs et des amusements que le monde leur
présente !

D. Faites-nous connaître l'hérésie des macédoniens.

R. Du sein de l'arianisme s'était élevée une
autre hérésie, qui attaquait la divinité du Saint-
Esprit : elle avait pour chef un nommé Macé-
donius, qui s'était emparé du siége de Constantinople. Lorsque les ariens commencèrent à
déchoir, les macédoniens prirent faveur. Leur
extérieur était grave et leur vie austère : sous
cette apparence de piété ils s'étendirent et se
firent bien des partisans. Mais l'empereur Théodose, prince également grand par sa piété et
par ses exploits, opposa une digue à l'erreur. Il
commença par publier une loi dans laquelle il
désigna la communion avec l'Église romaine
comme une marque sûre de catholicité. Puis,
pour achever de fermer la bouche aux hérétiques, il invita tous les évêques de l'Orient à se
rendre à Constantinople. L'ouverture du concile
se fit avec beaucoup de solennité. On essaya

d'abord de ramener les macédoniens à la foi ; mais ils refusèrent opiniâtrément, et se retirèrent du concile, qui alors les traita comme des hérétiques déclarés. On confirma le symbole du concile de Nicée, et l'on y ajouta les paroles qui regardent la divinité du Saint-Esprit. Théodose reçut cette décision comme sortie de la bouche de Dieu même, et fit une loi pour appuyer les décrets du concile. Quoique cette assemblée n'ait été composée que des évêques d'Orient, cependant l'approbation que le pape et les évêques d'Occident lui donnèrent ensuite fit reconnaître ce concile comme œcuménique (381).

D. Quel schisme déchira l'Eglise d'Afrique pendant le ıv⁰ siècle ?

R. De fut le schisme des donatistes. Il ne s'agissait d'abord que de savoir si Cécilien, évêque de Carthage, avait été légitimement ordonné. Quelques évêques, ayant à leur tête l'un d'eux nommé Donat, prétendirent que son ordination n'était pas légitime. Le pape, à qui l'on porta cette affaire, prononça en faveur de Cécilien ; mais Donat et ses partisans refusèrent de se soumettre, et bientôt leur opiniâtreté dégénéra en fureur. Ils s'emparaient des églises à main armée, brisaient les autels et les vases sacrés. Leur impiété alla jusqu'à rebaptiser de force, et quand on refusait d'y consentir, on éprouvait de leur part les traitements les plus cruels.

Saint Augustin, évêque d'Hippone, entreprit les plus grands travaux pour ramener les donatistes dans le sein de l'Eglise : il réussit à en convertir un grand nombre ; mais les autres n'en devinrent que plus furieux : ils lui dressèrent des embûches, et ce grand évêque y aurait péri, sans une protection spéciale de la Providence, qui le destinait à être la lumière de l'Eglise.

Les évêques catholiques, touchés de ces maux, proposèrent une conférence ; et l'empereur Théodose le Jeune approuva ce parti. Tous les évêques d'Afrique, tant les donatistes que les catholiques, eurent ordre de se rendre à Carthage. On choisit de chaque côté sept évêques pour conférer ensemble au nom de tous les autres. Alors les évêques catholiques, au nombre de près de trois cents, donnèrent un exemple admirable de générosité : ils offrirent de céder leurs siéges aux évêques donatistes, pourvu que ceux-ci voulussent bien mettre fin au schisme et se réunir à l'Eglise. Saint Augustin, qui avait inspiré à ses collègues cette admirable modération fut un des sept évêques choisis par les catholiques. Tout se passa avec beaucoup d'ordre. Augustin, chargé de soutenir les droits de l'Eglise catholique, prouva avec évidence qu'il ne peut y avoir aucune raison légitime de rompre l'unité, et que les donatistes n'avaient d'autre parti à prendre, pour rentrer dans la voie du salut, que de rentrer dans le sein de l'Eglise.

Les évêques schismatiques n'eurent rien de solide à opposer à la force des raisons de saint Augustin, et les peuples, qui surent jusqu'à quel point l'erreur avait été confondue dans cette célèbre conférence, ouvrirent enfin les yeux, et depuis ce temps ils vinrent en foule se réunir à l'Eglise (411).

D. Faites-nous connaître l'hérésie des pélagiens.

R. Le chisme des donatistes s'éteignait insensiblement, lorsque l'Eglise se vit attaquée par de nouveaux ennemis. Pélage en fut le chef. C'était un esprit subtil, artificieux, hypocrite qui, sans changer de sentiments, savait changer de langage. Il niait le péché originel et la nécessité de la grâce de Jésus-Christ; il prétendait que l'homme peut, sans la grâce, et abandonné à lui-même, accomplir les commandements de Dieu. Cette nouveauté profane fut réfutée avec force par saint Augustin. Par ses soins on tint à Carthage un concile qui condamna Pélage et ses sectateurs. Les évêques de ce concile écrivirent au pape saint Innocent, qui confirma leur sentence, et excommunia les pélagiens (418). Après ce décret du pape, saint Augustin regardait la cause comme terminée. « Rome a parlé, dit ce saint docteur, elle a confirmé le décret des évêques : la cause est finie, plaise à Dieu que l'erreur le soit aussi ! »

Le désir de saint Augustin ne fut pas rempli. Pélage et ses partisans songèrent moins à se

soumettre qu'à éviter la honte de leur condamnation. Ils levèrent le masque et en appelèrent
à un concile général. Mais saint Augustin
montra que cet appel était illusoire ; que l'Eglise
assemblée ne ferait autre chose que confirmer
ce qui avait été décidé par les évêques d'Afrique
et ratifié par le souverain pontife, et qu'ainsi
il ne s'agissait plus d'examiner l'hérésie, mais
de la réprimer.

D. L'Eglise, après avoir confondu les pélagiens, n'eut-elle pas de nouvelles attaques à
soutenir ?

R. L'esprit d'erreur et de mensonge, après
avoir attaqué par Manès l'unité de Dieu, par
Arius la divinité de Jésus-Christ, par Mecédo-
nius celle du Saint-Esprit, par Pélage la nécessité de la grâce du Rédempteur, essaya d'ébranler la foi du mystère de l'Incarnation et de la
maternité divine de la sainte Vierge, et pour
cela il se servit des nestoriens et des eutychéens.

D. En quoi consistait l'hérésie des nestoriens?

R. L'Eglise catholique avait toujours fait profession de croire qu'en Jésus-Christ la nature divine et la nature humaine sont réunies en une
seule personne, dont la sainte Vierge est véritablement la mère. Nestorius, évêque de Constantinople, avança qu'il y avait deux personnes
en Jésus-Christ, et que par conséquent la
sainte Vierge ne devait point être appelée la
mère de Dieu, mais seulement mère du Christ.

La première fois qu'on entendit ces blasphèmes dans l'Eglise, les fidèles s'enfuirent, pour n'avoir rien de commun avec celui qui les avait prononcés. Saint Cyrille, évêque d'Alexandrie, s'éleva fortement contre les nouvelles erreurs, et les dénonça au pape saint Célestin. Le souverain pontife, après avoir examiné la doctrine de Nestorius, la condamna, et menaça ce novateur de le retrancher du corps de l'Eglise, s'il ne rentrait en lui-même et ne se soumettait à son jugement.

Nestorius, loin de se soumettre, n'en devint que plus ardent à répandre son erreur. Cette obstination obligea les évêques de s'assembler à Ephèse, au nombre de deux cents. Saint Cyrile, en qualité de légat du pape, présida le concile, qui était le troisième œcuménique. Les erreurs de Nestorius furent anathématisées, et la sainte Vierge solennellement déclarée Mère de Dieu (431). L'impie Nestorius fut déposé et exilé en Egypte ; sa langue, qui avait proféré tant de blasphèmes contre Marie, tomba en pourriture, et il mourut misérablement.

D. En quoi consistait l'hérésie des eutychéens?

R. L'hérésie de Nestorius donna occasion à une autre qui la suivit de près. Eutychès, supérieur d'un monastère près de Constantinople, en combattant les nestoriens s'égara lui-même. Il enseigna qu'il n'y a dans Jésus-Christ qu'une seule nature ; c'était une erreur tout opposée à celle de Nestorius. Saint Flavien, évêque de

Constantinople, après avoir essayé en vain de ramener Eutychès par la douceur, le condamna et lui ôta le gouvernement de son monastère. Le novateur, au lieu de se rendre, essaya de l'emporter à force ouverte. Mais, de concert avec le pieux empereur Marcien, le pape saint Léon arrêta les progrès de l'erreur. Il convoqua à Chalcédoine un concile, qui fut le quatrième œcuménique. Les évêques s'y assemblèrent au nombre de six cent trente. Saint Léon, n'ayant pu y venir, envoya trois légats qui y présidèrent en son nom. On lut une lettre de saint Léon qui condamnait l'hérésie d'Eutychès. Cette lettre fut approuvée d'une voix unanime. « Nous croyons tous ainsi, s'écrièrent les évêques : c'est Pierre qui a parlé par la bouche de Léon : anathème à quiconque ne croit pas ainsi ! » L'empereur assista en personne à la sixième session, et il déclara qu'à l'exemple de Constantin il n'avait voulu entrer dans cette assemblée que pour appuyer les décisions du concile par son autorité impériale.

D. Quels furent les principaux appuis que Dieu donna à son Eglise sur la fin de cette seconde époque ?

R. Les plus illustres sont 1° saint Cyrille d'Alexandrie, dont le zèle éclata contre les nestoriens ; 2° saint Jérôme, célèbre par sa profonde érudition, par sa traduction de l'Ecriture, connue sous le nom de *Vulgate*, par la guerre ou-

verte qu'il fit à tous les hérétiques de son temps;
3° saint Augustin, l'un des plus beaux génies qui
aient paru dans l'univers ; il fut le modèle des
évêques, le fléau de l'hérésie, et la plus brillante
lumière de l'Eglise ; 4° le pape saint Léon, qui,
armé d'une puissance invisible, mais supérieure
à toutes les forces humaines, sauva Rome et
l'Italie des fureurs d'Attila, roi des Huns.

TROISIÈME ÉPOQUE

*Depuis le baptême de Clovis, l'an de J.-C. 496,
jusqu'à la fuite de Mahomet, l'an de J.-C. 622.
Elle renferme 126 ans.*

D. Quelle fut l'occasion de la conversion de
Clovis?

R. Clovis, roi des Francs, était encore païen
lorsqu'il épousa Clotilde, princesse chrétienne
d'un grande piété. Cette vertueuse reine lui
parlait souvent de Jésus-Christ : le roi l'écou-
tait volontiers, mais il avait peine à se rendre.

Cependant les Allemands avaient passé le
Rhin, ils s'avançaient vers la Gaule pour la
conquérir. Clovis, ayant marché contre eux. les

attaqua dans les plaines de Tolbiac, près de
Juliers. Mais les Allemands soutinrent vaillam-
ment le choc, et bientôt les Français commencèrent à plier et à se rompre. Dans cette
extrémité, Clovis se souvint des avis de son
épouse; il s'écria : « Dieu que Clotilde adore,
secourez-moi ; si vous me rendez victorieux, je
n'aurai plus d'autre Dieu que vous. » A l'ins-
tant, la victoire passa du côté de Français ; les
Allemands prirent la fuite et furent taillés en
pièces.

On ne put douter que cette victoire ne vînt
du Ciel, et la belliqueuse nation des Francs
connut que le Dieu de Clotilde était le vrai Dieu
des armées. Clovis se rendit à Reims avec ses
troupes. Instruit par saint Remi, évêque de
cette ville, il assembla ses soldats, et les exhorta
à quitter les Idoles pour adorer le Dieu auquel ils
étaient redevables de la victoire. De toutes parts
on s'écria : Nous renonçons aux dieux mor-
tels ; nous sommes prêts à adorer le vrai Dieu.»
Le roi reçut le baptême, et avec lui plus de trois
mille hommes de son armée, la plupart officiers.
La conversion de Clovis répandit la joie dans
tout le monde chrétien. C'était le seul souverain
qui fut alors catholique. Depuis qu'il eut em-
brassé la vraie foi, il ne cessa de la protéger,
exemple que ses successeurs ont imité pendant
douze siècles, et qui leur a mérité le titre de
rois très-chrétiens.

D. Quels saints personnages illustraient alors

l'Eglise par l'éclat de leur vie et de leurs miracles?

R. Outre Saint Remi, qui fut l'apôtre des Français et sainte Geneviève, patronne de Paris, on distingue entre tous les autres saint Benoît, né en Italie.

Dieu, qui le destinait à être le père de la vie monastique en Occident, lui inspira le dessein de se retirer, jeune encore dans une caverne qui lui servit de demeure. Après trois années de retraite, il fut découvert : des disciples s'attachèrent à lui en si grand nombre, qu'il lui fallut bâtir pour eux jusqu'à douze monastères (528).

Le principal établissement de saint Benoît fut le monastère du mont Cassin, qui devint comme le centre de son ordre. Quand le saint abbé s'y rendit pour la première fois, il restait sur cette montagne un temple d'Apollon, que les habitants des environs adoraient encore. Benoît brisa l'idole et l'autel, et convertit ce pauvre peuple. Dieu accorda à son serviteur le don de prophétie, et fit éclater sa sainteté par un grand nombre de merveilles.

Saint Benoît a laissé à ses disciples une règle admirable, que presque tous les cénobites d'Occident ont fait profession de suivre.

D. A quel sujet fut convoqué le cinquième concile général?

R. Il fut convoqué au sujet de l'affaire dite

des *Trois Chapitres*. Après la mort de l'empereur Marcien, le parti des eutychéens se releva en Egypte, et ces sectaires y commirent d'horribles violences. Ils s'efforcèrent d'affaiblir l'autorité du concile de Chalcédoine, qui les avait condamnés, et voici le moyen qu'ils mirent en œuvre pour y réussir. Du temps de Nestorius, il avait paru trois ouvrages favorables à cet hérésiarque. Ces trois ouvrages, que l'on nomma les *Trois Chapitres*, étaient répréhensibles ; mais deux de leurs auteurs semblaient les avoir rétractés en anathématisant Nestorius dans le concile de Chalcédoine. Les eutychéens, qui cherchaient à décréditer ce concile, voulurent tirer parti contre lui de son silence à l'égard des Trois Chapitres, et de ce qu'il en avait regardé les auteurs comme orthodoxes : ils poursuivirent avec chaleur la condamnation des Trois Chapitres. Les catholiques, quoiqu'ils n'approuvassent pas la doctrine de ces écrits, craignaient qu'en les condamnant on ne parût donner atteinte au concile de Chalcédoine ; et que cette condamnation ne fût un sujet de triomphe pour les eutychéens.

Enfin l'on se détermina à convoquer à Constantinople un second concile, qui fut le cinquième des conciles œcuméniques. On y examina les Trois Chapitres, et on les condamna, mais sans donner atteinte au concile de Chalcédoine ; au contraire, il fut jugé devoir tenir le même rang que ceux qui l'avaient précédé, et faire comme eux une règle de foi (553). Ainsi les eutychéens ne purent tirer aucun avantage de leur entreprise. Au reste, on voit dans ce concile de Constantinople un exemple remarquable du pouvoir que l'Eglise a de condamner des écrits, de prononcer sur le sens des livres et d'exiger que les fidèles se soumettent à son jugement.

D. L'Eglise ne fit-elle pas, dans le vi^e siècle, des conquêtes sur l'hérésie et sur l'infidélité ?

R. Elle en fit d'importantes, et reçut dans son sein des peuples entiers. Les Visigoths en Espagne, les Lombards en Italie, les Bourguignons dans les Gaules, abandonnèrent l'arianisme pour reconnaître la divinité de Jésus-Christ.

La foi avait été prêchée, en Angleterre, dès le iie siècle ; mais elle s'y était éteinte depuis que les Saxons idolâtres avaient fait la conquête de cette île. A la fin du vi^e siècle, le pape saint Grégoire-le-Grand y envoya quarante religieux, à qui il donna pour chef Augustin, l'un de ses disciples. Les saints missionnaires ayant abordé dans l'île, se mirent à prêcher l'Evangile, et touchèrent un grand nombre d'idolâtres. Le roi lui-même, frappé de leurs vertus et de leurs miracles, demanda le baptême ; et sa conversion fut suivie de celle de la plupart de ses sujets (597).

Pour donner une forme à l'Eglise naissante d'Angleterre, saint Augustin, par l'ordre de saint Grégoire, fut consacré évêque. Ses prédications furent si efficaces, qu'en un seul jour

on baptisa plus de dix mille personnes à Can-
torbéry. A mesure que les conversions se mul-
tipliaient, le pape envoyait de nouveaux missionnaires. Il fit venir à Rome de jeunes Anglais
que l'on instruisit dans les monastères, pour les
envoyer ensuite dans leur pays travailler à y
étendre la religion chrétienne. C'est ainsi que
cette grande île fut gagnée à Jésus-Christ.

QUATRIÈME ÉPOQUE.

*Depuis la fuite de Mahomet, l'an de J.-C. 622,
jusqu'au couronnement de Charlemagne, l'an
de J.-C. 800. Elle renferme 178 ans.*

D. Quels furent l'origine et le progrès du
mahométisme?

R. Au commencement du viiᵉ siècle, le démon
voulut avoir un empire dont il fût le seul
maître ; et comme c'était dans l'Eglise d'Orient
que les schismes et les hérésies avaient eu le
plus de succès, ce fut aussi dans cette Eglise
que Dieu, par un juste effet de sa colère, lui
permit d'exécuter les projets de destruction
qu'il méditait. Mahomet fut l'instrument dont
se servit l'esprit de mensonge pour faire à la

religion la plaie la plus profonde qu'elle eût encore reçue.

Cet homme extraordinaire descendait d'Ismaël, fils d'Abraham ; il naquit à la Mecque, d'un père païen et d'une mère juive. Ce ne fut qu'à l'âge de quarante ans qu'il commença à faire le prophète et à se dire publiquement l'envoyé de Dieu. Ses concitoyens, qui le connaissaient pour un débauché, ne crurent point à sa prétendue mission, et ils voulurent l'arrêter. Mais Mahomet prit la fuite, et se retira à Médine avec quelques partisans qui l'aidèrent à s'emparer de cette ville. La religion qu'il prêchait était un mélange monstrueux de judaïsme, de christianisme et de paganisme. Comme cet imposteur ne savait ni lire ni écrire, il fit rédiger sa doctrine par un moine apostat, et il donna au livre qui la contenait le nom d'*al Coran*, c'est-à-dire le livre par excellence. Il était sujet à des attaques d'épilepsie, il les fit passer pour des extases occasionnées par des visites de l'ange Gabriel. Quand on lui demandait des miracles pour preuve de sa mission, il disait qu'il n'était pas envoyé pour faire des miracles, mais pour étendre la religion par l'épée. En effet, une troupe de soldats fugitifs et de voleurs s'étant jointe à lui, il commença par piller les caravanes, puis il marcha contre la Mecque et la prit. Il soumit ensuite les différentes contrées de l'Arabie, forçant les peuples à embrasser sa nouvelle religion. Ses successeurs continuèrent ses conquêtes et se répandirent comme un torrent dans l'Asie et dans l'Afrique, où ils firent des maux irréparables au christianisme.

D. En quoi consistait l'hérésie des monothélites ?

R. Les monothélites étaient des eutychéens déguisés; n'osant plus dire, depuis leur condamnation, qu'il n'y avait qu'une nature en Jésus-Christ, ils se bornaient à prétendre qu'il n'y avait en lui qu'une seule volonté. Cette nouvelle erreur, appuyée par l'empereur Constant, fut principalement combattue par le pape saint Martin et par le saint abbé Maxime, à qui leur zèle pour la foi coûta la liberté et la vie. L'Eglise d'Orient fut agitée et troublée par les monothélites jusqu'au règne de Constantin Pogonat, qui fit assembler, en 680, un concile à Constantinople. Ce concile, qui fut le sixième général, frappa d'anathème les auteurs de la nouvelle secte : elle tomba en peu de temps, et la paix fut rendue à l'Eglise.

D. La religion, au milieu de ces pertes, n'eut-elle pas quelque sujet de consolation ?

R. Le flambeau de la foi, ainsi que le soleil, ne quitte une contrée que pour aller en éclairer une autre. A mesure que la religion s'affaiblissait en Orient, soit par les hérésies, soit par les conquêtes des mahométans, elle s'étendait du côté du nord par les travaux apostoliques de

plusieurs saints missionnaires Le plus célèbre
de ces missionnaires fut saint Boniface, archevêque de Mayence. Toute l'Allemagne, et la
Bavière en particulier, ressentit les effets de
son zèle; il l'avait trouvée presque toute idolâtre, il la rendit presque toute chrétienne. De
toutes parts les temples des idoles furent
abattus ou changés en églises consacrées au
vrai Dieu. Saint Boniface, après vingt-cinq
ans de travaux, obtint une récompense assez
ordinaire aux missionnaires apostoliques : il
reçut la palme du matyre, et Dieu glorifia
son serviteur par un grand nombre de miracles (755).

D. L'Eglise ne courut-elle pas, sur la fin de
cette époque, un nouveau danger de la part des
iconoclastes ?

R. L'hérésie des iconoclastes ou *briseurs d'i-
mages*, qui s'éleva dans le VIII° siècle, fut d'autant plus dangereuse qu'elle avait pour auteur
le prince lui-même. Léon l'Isaurien était par-
venu à l'empire par ses vertus guerrières. Quoique son ignorance fût grande en fait de sciences
et de religion, il voulut cependant s'ériger en
réformateur. S'étant mis dans la tête que le
culte des saintes images était une idolâtrie, il
entreprit de l'abolir, et ordonna d'ôter des
églises toutes les images de Jésus-Christ, de la
sainte Vierge et des saints. Cette entreprise
souleva tout le monde : mais Léon qui avait
pour lui la force, exila ou fit mourir ceux qui

osèrent élever la voix en faveur de la vérité.
Constantin Copronyme, son fils et son successeur, persécuta les catholiques avec plus de
fureur encore : il leur fit souffrir toutes sortes
d'outrages et de tourments.

L'hérésie sanguinaire des iconoclastes rava-
gea l'Eglise d'Orient jusqu'au règne de l'im-
pératrice Irène. Cette princesse, étant montée
sur le trône, demanda au pape Adrien la con-
vocation d'un concile général, qui fut le septième. Il se tint à Nicée en 789, et déclara
que c'était une chose pieuse d'honorer les
saintes images, puisque l'honneur qu'on leur
rend se rapporte tout entier à l'objet qu'elles
représentent.

D. Quels services Charlemagne rendit-il à la
Religion ?

R. Charlemagne, fils de Pépin, employa
constamment sa puissance à étendre le royaume
de Jésus-Christ. Il aida les évêques à rétablir
la discipline ecclésiastique; il protégea les
souverains pontifes contre les usurpations des
Lombards, dont il abolit l'empire. Il réprima
les entreprises des Saxons: et après une guerre
de trente ans, les ayant domptés, il les amena
à la connaissance de l'Evangile.

Lorsqu'il monta sur le trône, l'ignorance
était répandue sur toute la France ; on n'y
voyait plus ni maitres ni écoles publiques
(768). Charlemagne, qui savait combien l'ignorance pouvait être funeste à la Religion, entre-

prit de relever l'étude des sciences et des lettres.
En conséquence, il attira dans ses Etats par
ses bienfaits les hommes les plus instruits des
pays étrangers, et avec leur aide il fonda des
écoles publiques dans les principales villes et
dans les plus grandes abbayes du royaume.
Il en établit une dans l'enceinte même de son
palais ; et ce grand prince, pour donner l'exemple de l'application, ne rougissait pas de des-
cendre quelquefois de son trône et de prendre
le rang de disciple avec les jeunes princes ses
enfants. On croit que ce fut là le berceau de
l'université de Paris, la plus ancienne et la plus
célèbre de l'Europe.

CINQUIÈME ÉPOQUE.

*Depuis le couronnement de Charlemagne, l'an de
J.-C. 800, jusqu'à la première croisade, l'an de
J.-C. 1096. Elle renferme 296 ans.*

D. Comment la religion reconnut-elle les
services de Charlemagne ?

R. Charlemagne était maître de presque toutes
les provinces qui avaient composé l'empire romain d'Occident. La Germanie, les Gaules,
une grande partie de l'Espagne et de l'Italie
lui obéissaient. Il ne lui manquait que le titre

d'empereur. Le pape Léon III et les Romains ne crurent pas pouvoir mieux reconnaître les services signalés qu'il avait rendus à l'Eglise, qu'en lui déférant la couronne impériale. Charlemagne signala son empire par un redoublement de zèle pour le bien de ses peuples et pour l'extirpation des vices. Il mourut à Aix-la-Chapelle, plein de gloire et de vertus (814).

D. L'ambition de Photius ne troubla-t-elle pas le repos dont avait joui l'Eglise au commencement du ix⁰ siècle ?

R. Photius était un homme rempli de science et de talents ; il les rendit funestes à l'Eglise et à lui-même par son ambition et ses fourberies. Appuyé de la faveur d'un ministre de l'empereur d'Orient, homme également impie et débauché, il parvint à faire chasser de son siége saint Ignace, patriarche de Constantinople, qu'on redoutait à cause de son zèle contre l'iniquité, et il usurpa sa place au mépris de toutes les règles de l'Eglise. Le fourbe écrivit au pape Nicolas Ier pour lui faire part de son élévation ; il n'oublia rien pour le prévenir en sa faveur. A l'entendre, c'était malgré lui qu'on l'avait choisi pour cette place éminente, il avait résisté de toutes ses forces, on lui avait fait violence. Il ajoutait qu'Ignace avait donné de lui-même sa démission, et qu'il s'était retiré de plein gré dans un monastère.

Tous ces artifices étaient autant de mensonges ; car saint Ignace avait refusé constamment

de se prêter à ces injustices, et il était renfermé
dans une prison infecte, où on le traitait indignement. Il trouva cependant moyen d'infor-
mer le souverain pontife de tout ce qui s'était
passé à Constantinople. Alors le pape écrivit
des lettres où il rétablissait Ignace, et condamnait l'intrusion de Photius. Mais celui-ci sup-
prima les lettres du pape, et en substitua d'autres où il lui faisait dire tout le contraire. Ce
fut ainsi qu'à force d'artifices et de fourberies
cet ambitieux scélérat se maintint pour lors
dans son usurpation (861).

D. Quels succès eurent les intrigues de Photius ?

R. Quelques années après l'intrusion de
Photius, l'empereur Basile étant monté sur le
trône, les choses changèrent de face. L'usurpateur fut chassé du palais patriarcal, et enfermé
dans un monastère. Saint Ignace, patriarche
légitime, rentra solennellement dans son Eglise,
et engagea le pape à convoquer un concile
général. Ce concile fut le huitième, et se tint à
Constantinople. Le pape y présidait par ses
légats. Photius fut cité à comparaître ; mais il
fallut l'amener malgré lui. Cet hypocrite joua
le personnage du juste opprimé. A la plupart
des questions qu'on lui fit, il garda le silence ;
et lorsqu'il fut obligé de parler, il emprunta
dans ses réponses les mêmes paroles que Jésus-
Christ avaient prononcées devant ses juges au

temps de sa passion. Il fut renvoyé avec indignation. Le concile l'excommunia, lui et ses adhérents (869). Le pape confirma les décrets du concile, et l'Eglise grecque recouvra sa tranquillité. Mais il resta dans plusieurs de ses membres le germe funeste de la division qui devait un jour la séparer de l'Eglise latine.

D. L'Eglise n'eut-elle pas beaucoup à souffrir de la part des nations encore infidèles du nord de l'Europe ?

R. Dans le IXe et le Xe siècle, ces nations parcoururent, le fer à la main, l'Allemagne, l'Angleterre, la France, l'Espagne, l'Italie, et laissèrent partout des marques de leur fureur contre le christianisme. Les arts et les sciences furent bannis de ces contrées, et ne trouvèrent plus d'asile que dans les monastères. On s'y occupa à transcrire les ouvrages anciens échappés aux barbares : monuments précieux, qui auraient péri pour toujours si l'Eglise n'avait pris soin de les transmettre à la postérité. C'est dans son sein que se conserva le goût des lettres, et l'Eglise seule eut la gloire de soumettre à son obéissance les nations belliques qui l'avaient désolée, de les adouci civiliser, et de changer en enf plus cruels de ses persécu

Dans le IXe siècl   uses vement les R   ur, de les les R   ants dociles les
                              ceurs.
              lle avait converti successi-
              anois, les Suédois, les Polonais et
              sses. Après eux, les Normands, qui depuis

longtemps ravageaient la France, et qui paraissaient, au commencement du xe siècle, plus acharnés que jamais, ouvrirent tout à coup les yeux à la lumière, et l'on vit un changement subit dans les mœurs de ce peuple jusqu'alors féroce et indomptable (912).

Ce fut sur la fin du même siècle que les Hongrois, peuples encore plus féroces que les Normands, après avoir horriblement ravagé les églises d'Allemagne, furent convertis par saint Etienne, leur roi et leur apôtre (997).

Ce saint roi avait une dévotion particulière pour la Mère de Dieu, et il mit sous sa protection sa personne et son royaume : exemple qui a depuis été imité par un de nos rois.

D. De quelle hérésie l'Eglise fut-elle attaquée dans le xie siècle ?

R. Bérenger, archidiacre d'Angers, voulant se distinguer et acquérir de la célébrité, osa attaquer un mystère que dix siècles consécutifs avaient respecté ; il enseigna que le corps et le sang de Jésus-Christ ne sont pas contenus réellement dans l'Eucharistie. Aussitôt il s'éleva une réclamation générale, et l'on écrivit de toutes parts pour défendre l'ancienne croyance de l'Eglise contre cette nouveauté impie. On assembla un concile à Rome ; Bérenger y comparut, et n'osa y soutenir son erreur ; il se rétracta, et jeta lui-même au feu les livres qu'il avait écrits contre la sainte Eucharistie (1050). Cette hérésie, anathématisée par l'auteur même, fut anéantie pour lors, et ne reparut que plusieurs siècles après, lorsque les calvinistes la renouvelèrent.

D. Quelle fut la cause du schisme des Grecs ?

R. Ce fut l'envie et l'ambition des patriarches de Constantinople. Depuis longtemps ces évêques voyaient avec une secrète jalousie la prééminence du siége de Rome, et son autorité sur toutes les églises du monde chrétien. Michel Cérulaire, plus ambitieux encore et plus hardi que ses prédécesseurs, rompit ouvertement avec l'Eglise romaine, et se sépara de l'unité dont elle est le centre. Pour justifier cette rupture scandaleuse, il renouvela les injustes accusations et les reproches frivoles que Photius avait autrefois faits aux Latins : par exemple, de se faire la barbe, de jeûner le samedi, de ne pas chanter *l'alleluia* pendant le carême, etc. En conséquence, il défendit de communiquer avec le Pape, il fit fermer les églises que les latins avaient à Constantinople, et poussa le fanatisme jusqu'à rebaptiser ceux qui avaient reçu le baptême dans l'Eglise latine (1053).

Par des lettres pleines de mensonges, il s'efforça de soustraire à l'obéissance due au chef de l'Eglise les trois patriarches de Jérusalem, d'Alexandrie et d'Antioche, et les autres évêques d'Orient. Ses impostures réussirent auprès de plusieurs d'entre eux ; mais le schisme n'était point encore général : il ne fut consommé que plus d'un siècle après, lorsque les Latins devinrent odieux aux Grecs par la conquête qu'ils firent de la ville et de l'empire de Constantinople.

D. Faites-nous connaître saint Bruno et ses compagnons?

R. Saint Bruno était l'homme le plus savant et le plus habile écrivain de son siècle. Sa réputation l'éleva à la dignité de recteur des grandes études dans l'église de Reims, célèbre alors par ses écoles. Mais Bruno, qui sentait le vide des distinctions humaines, résolut de se retirer dans la solitude et d'y consacrer le reste de ses jours à la pénitence. Suivi de plusieurs de ses amis à qui il avait inspiré son dégoût pour le monde, il alla trouver saint Hugues, évêque de Grenoble, qui le conduisit dans un lieu sauvage de son diocèse, au milieu des horribles montagnes connues sous le nom de Chartreuse. Bruno s'y établit avec ses compagnons (1084).

On vit alors reparaître en France les merveilles de la Thébaïde. « Ces nouveaux solitaires, dit un auteur contemporain, sont plutôt des anges que des hommes. Chacun a sa cellule entourée d'un petit enclos, d'où il ne sort pas : on lui fournit du pain et des légumes d'une seule espèce, pour la nourriture de la semaine. Tous gardent un silence parfait, et ne demandent que par signes les choses dont ils ont absolument besoin. Leur principale occupation est le travail des mains, leur délassement est la prière. Ils ne se réunissent que le dimanche, pour chanter l'office en commun. Leur habit est fort simple ; par-dessous ils portent le cilice. Tout est pauvre chez eux, même l'Eglise, dont l'argenterie se réduit à un calice. »

Saint Bruno eut la consolation de voir le nouvel ordre se répandre rapidement dans toute l'Europe. Quand il sentit approcher sa fin, il assembla ses religieux, et il fit en leur présence sa profession de foi contre l'hérésie de Bérenger. Elle était conçue en ces termes: *Je crois les sacrements de l'église, et en particulier que le pain et le vin consacrés sur l'autel sont le vrai corps et le vrai sang de Jésus-Christ, que nous recevons dans l'espérance du salut éternel.* L'esprit de ce saint fondateur s'est perpétué dans ses enfants: l'ordre des Chartreux, par un privilége bien rare, n'a pas eu besoin de réforme depuis huit siècles qu'il subsiste.

D. Quelle fut l'origine des croisades ?

R. Un prêtre du diocèse d'Amiens nommé Pierre l'Ermite, ayant fait le pélerinage de Jérusalem, fut sensiblement affligé de voir les lieux saints profanés, et les chrétiens d'Orient indignement outragés par les infidèles. Le pape Urbain II, à qui il fit une peinture touchante de l'état déplorable de la terre sainte, prit de concert avec lui la résolution de travailler à sa délivrance. Il indiqua un concile à Clermont en Auvergne, et y parla d'une manière si pathétique, que les assistants, fondant en larmes, s'écrièrent tout d'une voix : « Dieu le veut ! » La plupart s'engagèrent à marcher au secours de la terre sainte, et prirent pour marque de leur engagement une croix d'étoffe rouge, attachée à l'épaule droite, ce qui leur fit donner le nom de Croisés.

SIXIÈME ÉPOQUE.

Depuis la première croisade, l'an de J.-C. 1096, jusqu'à la mort de saint Louis, l'an de J.-C. 1270. Elle renferme 174 ans.

D. Quel fut le succès de la première croisade ?

R. L'armée chrétienne s'étant mise en marche vers l'Asie, pénétra dans la Palestine et s'avança vers Jérusalem, qui était le grand objet de l'expédition. Les infidèles n'avaient rien négligé pour mettre la place en état de défense ; mais les croisés firent des prodiges de valeur, et après cinq semaines de combats ils l'emportèrent, un vendredi à trois heures du soir.

Dès que la victoire fut assurée et la tranquillité rétablie ; ils quittèrent leurs armes et leurs habits ensanglantés ; ils allèrent nu-pieds, en pleurant et en se frappant la poitrine, visiter tous les lieux consacrés par les souffrances du Sauveur. Huit jours après, les chefs de l'armée s'assemblèrent pour élire un roi capable de conserver cette précieuse conquête. Le choix tomba sur Godefroy de Bouillon, duc de Lorraine, le plus vaillant et le plus vertueux capitaine de toute l'armée. Il fut proclamé roi dans l'église du Saint-Sépulcre. Comme on lui présentait une couronne d'or, le pieux héros la refusa. « A Dieu ne plaise, dit-il, que je porte » une telle couronne dans un lieu où le Roi des » rois n'a été couronné que d'épines (1099). »

D. Les croisades ne donnèrent-elles pas naissance aux ordres militaires ?

R. Oui, les croisades donnèrent lieu à l'établissement de plusieurs ordres tout à la fois religieux et militaires. Le plus ancien et le plus illustre est celui des hospitaliers de Saint-Jean, qui subsiste encore aujourd'hui sous le nom de chevaliers de Malte. La première maison de cet ordre n'était d'abord qu'un hôpital bâti à Jérusalem pour recevoir les pélerins qui venaient visiter les saints lieux et pour y prendre soin des malades. Lorsque les croisés furent maîtres de la ville, plusieurs des principaux d'entre eux, édifiés de la charité qu'on y exerçait envers les malheureux, se dévouèrent eux-mêmes à cette bonne œuvre ; mais ils ne se bornèrent plus, comme on avait fait jusqu'alors aux exercices paisibles de la charité, ils prirent les armes contre les ennemis de la religion. Fiers et terribles à l'égard des infidèles, ils étaient, dans l'intéreur de l'hôpital, d'humbles serviteurs des pélerins et des malades (1110).

Ce nouvel ordre se multiplia considérablement. Après la chute du royaume de Jérusalem, qui ne dura pas cent ans, les chevaliers s'établirent dans l'île de Rhodes, puis dans celle de Malte : ils furent dans ces deux iles comme le boulevard de la chrétienté, et y soutinrent des siéges à jamais mémorables contre les Turcs. Ces ennemis du nom chrétien menaçaient d'envahir l'Europe entière ; et sans nul doute ils y auraient réussi, si Jésus-Christ, toujours attentif à la conservation de son église, ne leur eût opposé à Malte une barrière qu'ils ne purent forcer.

D. L'Eglise vit-elle s'élever dans le XIIe siècle d'autres ordres religieux?

R. Elle en vit plusieurs dont les principaux furent, en France, l'ordre des Prémontrés, fondé par saint Norbert, depuis archevêque de Magdebourg, et l'ordre de Citeaux, ainsi nommé de la forêt de Citeaux en Bourgogne. C'était un désert affreux qui n'était habité que par les bêtes sauvages. Mais quelques personnes pieuses s'y étant réunies dans le dessein de pratiquer la règle de Saint-Benoît dans toute sa rigueur, firent de ce désert un séjour de saints occupés jour et nuit à chanter les louanges du Seigneur.

D. Quel fut le personnage le plus illustre du xiie siècle?

R. Ce fut saint Bernard. Né d'une famille noble et riche, il réunissait dans sa personne les grâces extérieures du corps et les plus rares qualités de l'esprit. Rien ne lui manquait de ce qui pouvait lui rendre le monde aimable. Mais, jeune encore, il sut tout sacrifier à Dieu. Suivi de presque tous ses frères et de plusieurs autres jeunes gens qu'il avait gagnés, il entra dans le nouvel ordre de Citeaux.

Son exemple attira un si grand nombre de religieux, qu'on se trouva obligé de fonder plusieurs abbayes, entre autres celle de Clairvaux en Champagne (1115). Saint Bernard en fut établi abbé, et sous un tel chef cette seconde maison ne le céda à la première ni en régularité ni en ferveur. On ne connaissait à Clairvaux que la prière et le travail des mains. Quoique la communauté fût nombreuse, le silence de la nuit y régnait pendant le jour. Ce silence inspirait un tel respect aux séculiers, qu'ils n'osaient eux-mêmes tenir aucun discours profane en ce saint lieu. On y voyait des hommes qui, après avoir été riches et honorés dans le monde, s'étaient faits pauvres pour l'amour de Jésus-Christ, et qui souffraient avec joie la fatigue du travail et les humiliations de la pénitence.

Saint Bernard ne cherchait qu'à s'ensevelir dans la retraite : mais la réputation que lui donnaient sa sainteté, ses miracles et ses lumières, troubla souvent sa solitude. On avait recours à lui de toutes les provinces. Il était tout à la fois le refuge des malheureux, le défenseur des opprimés, le fléau des hérétiques, le conseil des évêques et des souverains pontifes : en un mot, la lumière, la consolation et le soutien de l'Eglise.

D. Quelle fut l'occasion de la deuxième croisade ?

R. La terre sainte était en grand danger de retomber entre les mains des infidèles, et le roi de Jérusalem demandait du secours aux princes d'Occident. Saint Bernard reçut ordre du pape de prêcher une croisade. Il le fit en France et en Allemagne avec un succès prodigieux, et sa prédication fut soutenue par des miracles sans nombre. Louis le Jeune, roi de France, et Conrad, empereur d'Allemagne, partirent chacun avec une armée considérable. De si grandes forces étaient bien capables de repousser les infidèles ; mais presque tout périt, soit par la mauvaise conduite des croisés, soit par les piéges que leur tendirent les Grecs (1147).

D. Saint Bernard ne fut-il pas persécuté au sujet de la croisade qu'il avait prêchée ?

R. Dans le chagrin qu'excita le fâcheux succès de la seconde croisade, bien des gens éclatèrent en murmures contre saint Bernard, qui l'avait prêchée. Mais il se justifia en disant, comme il est vrai, que les croisés avaient attiré la colère de Dieu par leurs désordres, de même que les Israélites autrefois avaient été exclus de la terre promise à cause de leurs infidélités. A ces raisons et aux miracles qu'il avait faits en prêchant cette croisade, saint Bernard ajouta un dernier miracle pour sa justification. Un père lui présenta son fils aveugle, afin qu'il lui rendît la vue. Alors le saint abbé, imposant les mains à l'enfant, fit à Dieu cette prière : « Seigneur, si vous êtes l'auteur de ma prédication, qu'il vous plaise de le montrer en guérissant cet aveugle. » Aussitôt l'enfant recouvra la vue. Saint Bernard mourut peu de temps après cette épreuve, que le Seigneur lui avait ménagée pour achever de le sanctifier. On le regarde comme le dernier des Pères de l'Eglise ; ses vertus et ses talents extraordinaires l'élèvent au-dessus de tous les éloges.

D. Faites-nous connaître la troisième et la quatrième croisade.

R. La terre sainte était dans la plus fâcheuse situation. Les chrétiens avaient perdu une grande bataille, et les infidèles venaient de se rendre maîtres de Jérusalem. La nouvelle de ce désastre répandit la consternation dans tout l'Occident. Les rois de France et d'Angleterre, Philippe-Auguste et Richard, qui étaient alors en guerre, en furent si touchés, qu'ils oubliè- rent leur querelle pour ne s'occuper que de la défense de la religion. Ils prirent donc la croix et allèrent en Orient se joindre aux chrétiens, qui depuis deux ans faisaient le siége d'Acre. La ville se rendit à composition, et l'un des premiers articles du traité fut qu'on rendrait aux chrétiens la vraie croix qui était tombée entre les mains des infidèles à la prise de Jérusalem (1191). On manqua l'occasion de reprendre cette ville, et celle d'Acre devint le refuge des chrétiens d'Orient, où ils atten- dirent longtemps, mais en vain, l'occasion de rétablir le royaume de Jérusalem. Cette croisade fut suivie de près par une quatrième, qui ne réussit pas mieux (1197).

D. La cinquième croisade fut-elle plus heu- reuse que les précédentes?

R. A envisager humainement les choses, elle fut couronnée du succès le plus éclatant; mais, à les considérer dans l'ordre de la religion, elle eut les suites les plus funestes. Les Fran- çais et les Vénitiens croisés attendaient à Venise la saison favorable pour s'embarquer, lorsque le jeune Alexis, fils de l'empereur grec, vint implorer leur secours contre un usurpa- teur; il promettait de rétablir l'union entre l'Eglise grecque et l'Eglise latine, et de contri- buer de tout son pouvoir à la conquête de la terre sainte. Ainsi, au lieu d'aller en Palestine, on fit voile vers Constantinople, il ne fallut aux croisés que six jours pour emporter la place.

L'usurpateur prit la fuite, et le jeune Alexis fut couronné empereur. Mais bientôt après, ce prince ayant été étranglé par un de ses officiers, qui s'empara du trône, les croisés se crurent autorisés à venger sa mort. Constantinople fut attaquée de nouveau, prise d'assaut et abandonnée au pillage. Les croisés nommèrent un empereur parmi eux ; et, uniquement occupés à maintenir ce nouvel empire, ils oublièrent la terre sainte, pour laquelle ils avaient pris les armes.

Cette conquête des Latins, loin de faciliter la réunion des Grecs à l'Eglise romaine, acheva de les en séparer. Les excès commis dans la prise et le pillage de Constantinople leur inspirèrent une haine violente contre les Latins ; et c'est à cette époque qu'on peut placer la rupture entière et le schisme consommé de l'Eglise grecque (1204).

D. Dites-nous l'origine et les progrès de l'ordre des dominicains.

R. L'instituteur de cet ordre fut saint Dominique, né en Espagne. Dès sa jeunesse il se sentit animé d'un grand désir de travailler au salut des âmes, et de ramener à la foi catholique les Albigeois, dont les erreurs infestaient alors la ville d'Albi et les environs. Un grand nombre de missionnaires zélés se joignirent à lui, et formèrent sous sa conduite un Ordre religieux, dont la principale fonction devait être de prêcher l'Evangile non-seulement aux pécheurs, mais encore aux hérétiques et aux idolâtres. C'est de là que les membres de cet Ordre furent connus d'abord sous le nom de Frères Prêcheurs. Saint Dominique mourut avec la consolation de voir ses religieux produire dans tout le monde chrétien des fruits de grâce et de justice (1221). Ce fut lui qui établit l'usage du *Rosaire* : dévotion à laquelle bien des pécheurs ont dû leur conversion, et qui toujours sera précieuse pour les âmes pures dévouées au culte de la Mère de Dieu.

D. Quel nouvel ordre vit-on s'élever dans l'Eglise en même temps que celui des Frères Prêcheurs?

R. On vit s'élever l'ordre des Frères Mineurs, dont le fondateur fut saint François d'Assise. Une maladie dangereuse qu'il essuya dans sa jeunesse lui fit prendre le parti de renoncer au monde et de ne s'attacher qu'à Dieu. Cette résolution déplut à son père, qui le maltraita souvent, et qui en vint jusqu'à le déshériter. François souffrit tout avec patience. « Abandonné de mon père qui est sur la terre, je m'adresserai, disait-il, avec plus de confiance à mon Père qui est dans les cieux. » Dès lors il pratiqua à la lettre ce conseil de l'Evangile : « Ne portez ni or, ni argent, ni deux tuniques, ni chaussure, ni bâton. » Puis il se mit à prêcher la pénitence par des discours simples mais solides, qui faisaient la plus vive impression sur ses auditeurs.

Bientôt il eut des disciples qui imitèrent l'austérité de sa vie, et qui secondèrent son zèle pour le salut des âmes. Il leur donna le nom de Frères-Mineurs, pour leur faire entendre qu'ils devaient se regarder comme les plus petits de tous, et il les envoya prêcher en différents pays. Pour lui, il prit le chemin de l'Egypte, dans l'espérance d'y trouver le martyre ; mais son attente fut trompée : au lieu de la mort, il n'y trouva que des honneurs de la part des infidèles. De retour en Europe, il continua de gouverner saintement son Ordre, et il termina une vie pleine de bonnes œuvres par une mort précieuse aux yeux de Dieu (1226).

D. Faites-nous connaître la sixième et la septième croisade.

R. La sixième croisade eut, comme presque toutes les autres, d'heureux commencements suivis des revers les plus fâcheux (1229). On en peut dire autant de la septième, dont saint Louis, roi de France, fut l'apôtre et le guide.

A la tête d'une armée nombreuse, il aborda en Egypte, dont le prince ou *soudan* était alors maître de la terre sainte ; il s'empara de Da-

miette et pénétra en vainqueur jusque dans le
centre du pays. Mais le comte d'Artois s'étant
engagé témérairement, malgré la défense du
roi son frère, fut enveloppé, et perdit la vie
avec l'élite de l'armée française. Il fallut reprendre le chemin de Damiette. Au fer de l'ennemi se joignirent la famine et une maladie
contagieuse ; et saint Louis, après des efforts
incroyables, tomba entre les mains des infidèles : il s'y conduisit en chrétien à qui Dieu
tient lieu de tout, en héros dont l'âme est supérieure à tous les revers (1250).

Saint Louis, après quelques mois de prison,
recouvra sa liberté. Il passa dans la Palestine,
fortifia le peu de places que les chrétiens y pos-
sédaient encore, et ne quitta cette contrée
qu'après avoir retiré des mains des infidèles
un grand nombre de captifs qui étaient en danger de perdre la foi.

SEPTIÈME ÉPOQUE

*Depuis la mort de saint Louis, l'an de **J.-C.** 1270, jusqu'à la fin du grand schisme d'Occident, l'an de J.-C. 1417. Elle renferme **147** ans.*

D. Quelle fut l'occasion de la huitième et dernière croisade, et de la mort de saint Louis?

R. Ce saint roi entreprit cette dernière croisade sur la nouvelle des cruautés que les infidèles exerçaient contre les chrétiens de la terre sainte qui refusaient d'embrasser le mahométisme. Après avoir réglé les affaires de son royaume, il fit voile pour Tunis, d'où il espérait pénétrer en Egypte et de là dans la terre sainte. Il forma le siége de cette place. Mais les chaleurs excessives du climat et la mauvaise qualité des eaux causèrent une peste violente qui emporta la moitié de l'armée. Saint Louis en fut attaqué lui-même ; et jamais il ne parut plus grand que dans cette circonstance critique. Quand il sentit son dernier moment approcher, il se fit coucher sur la cendre, les bras croisés sur la poitrine, et les yeux fixés vers le ciel, il expira en prononçant distinctement ces paroles du Psalmiste :

« Seigneur, j'entrerai dans votre maison, je vous adorerai dans votre saint temple, et je glorifierai votre nom. » Ainsi mourut l'un des plus grands et des plus saints roi qui aient été donnés au monde. Les miracles qu'il opéra le firent canoniser vingt ans après.

D. Que devons-nous penser des croisades ?

R. Il faut en juger, non pas sur les déclamations injurieuses de la philosophie moderne, mais sur les faits que nous présente toute la suite de l'histoire.

Les croisades étaient des entreprises justes et légitimes, puisqu'elles avaient pour but de protéger les chrétiens d'Orient contre l'oppression des mahométans, et de défendre l'Europe elle même de la fureur de ces barbares, qui menaçaient alors de tout envahir. Si la plupart des croisades ont peu réussi, il faut l'attribuer aux perfidies des Grecs, et aux désordres trop communs parmi les croisés eux-mêmes. Si elles n'ont pas sauvé l'Orient, elles ont eu du moins pour l'Occident les suites les plus avantageuses : elles ont plus d'une fois fait cesser ou suspendu les guerres que se faisaient les rois chrétiens ; elles ont éteint les guerres civiles, qui depuis deux cents ans tenaient les seigneurs particuliers armés les uns contre les autres ; elles ont tourné contre une nation infidèle et conquérante les forces que les chrétiens avaient employées jusqu'alors à se détruire eux-mêmes. Ce qui achève de venger les croisades de toutes les calomnies dont on s'est plu à les charger, c'est qu'elles ont eu le suffrage des plus grands hommes et des plus saints personnages de leur temps ; c'est qu'elles ont été solennellement autorisées par l'Eglise, à qui sans doute l'assistance divine, qui lui est promise pour tous les jours, n'a pas manqué dans cette circonstance ; c'est qu'enfin elles ont été ratifiées par le plus puissant de tous les témoignages, par les miracles qui en ont plus d'une fois accompagné la publication.

D. Le XIIIe siècle a-t-il donné à l'Eglise quelques grands hommes en lumière et en vertus ?

R. Il lui en a donné plusieurs ; les plus illustres sont saint Bonaventure et saint Thomas d'Aquin ; tous deux italiens de naissance.

Saint Thomas fut l'un des principaux ornements de l'ordre de Saint-Dominique. Le Seigneur, qui le destinait à devenir la lumière de l'Eglise, s'était plu à orner son esprit et son cœur des plus belles qualités. Ses progrès dans les sciences furent rapides ; mais il les cachait si bien, que son silence passait pour stupidité. Aussi ses compagnons l'appelaient-ils par dérision le *bœuf*. Mais son maître, qui le connaissait mieux, en jugeait bien différemment ; et il disait aux railleurs que les doctes mugissements de ce bœuf retentiraient un jour par toute la terre. Il ne se trompait point : Thomas devint la merveille de son siècle, et composa un grand nombre d'ouvrages où la science la plus vaste se trouve jointe à la plus tendre piété. On lui offrit l'archevêché de Naples, mais on ne put lui faire accepter cette haute dignité; il voulut marcher jusqu'à la fin dans l'oubli des honneurs les plus légitimes; et cette humilité mit le comble à la gloire que ses lumières et ses vertus lui avaient acquise dans tous le monde chrétien (1274).

Saint Bonaventure ne fit pas moins d'honneur à l'ordre de Saint-François que saint Thomas à celui de Saint-Dominique. Né de parents illustres par leur piété, il aima Dieu dès qu'il put le connaître. Ayant été guéri d'une maladie par les prières de saint François, il entra par reconnaissance dans son Ordre, et peu après la mort du saint fondateur il fut élu pour le gouverner. Le pape Grégoire X, plein d'estime pour ses talents et ses vertus, l'éleva malgré sa résistance à la dignité de cardinal. Saint Bonaventure mourut peu de temps après, au concile général de Lyon (1274). Il a laissé un grand nombre d'ouvrages qui respirent la piété la plus affectueuse; et il est regardé en particulier, parmi tous les docteurs de son temps, comme le plus grand maître de la vie spirituelle.

D. Les Grecs schismatiques ne firent-ils pas dans ce temps-là quelques démarches pour se réunir à l'Eglise ?

R. Michel Paléologue, leur empereur, désirait

ardemment la cessation du schisme. On convoqua, pour terminer cette grande affaire, le
second concile de Lyon, quatorzième général.
Les ambassadeurs du prince grec déclarèrent
en plein concile qu'ils venaient, au nom de l'empereur et des évêques d'Orient, reconnaître
l'autorité du vicaire de Jésus-Christ, abjurer le
chisme et accepter la profession de foi de l'E-
glise romaine (1274). Tout semblait promettre
une réunion durable ; cependant elle ne se
maintint que jusqu'à la mort de Michel Paléologue ; son successeur replongea les grecs dans
le schisme.

D. Quelle fut l'occasion du grand schisme
d'Occident ?

R. Au commencement du XIVe siècle, le pape
Clément V, qui était Français, fixa sa résidence
à Avignon, et ses successeurs en firent de même.
Rome et l'Italie souffrirent beaucoup de cette
longue absence des papes : elles furent déchi-
rées par des factions et des guerres civiles. Enfin le pape Grégoire XI se rendit aux pressantes
sollicitations des Romains, et retourna dans
leur ville (1377).

Après sa mort, le peuple de Rome, craignant
que le nouveau pape, s'il était Français, n'allât
encore résider à Avignon, s'attroupa autour du
conclave où étaient assemblés les cardinaux, et
se mit à crier qu'il voulait un pape romain. A
ces cris séditieux il ajouta encore des menaces.
Les cardinaux, intimidés, nommèrent précipi-

tamment un pape, qui prit le nom d'Urbain VI. Mais quelques mois après, étant sortis de Rome, ils prétendirent que cette élection était nulle par défaut de liberté, et ils nommèrent un autre pape sous le nom de Clément VII (1379).

Cette malheureuse affaire jeta l'Eglise dans une horrible confusion. Toute la chrétienté se trouva partagée entre les deux papes, qui furent reconnus, l'un par une nation, l'autre par une autre. Chacun d'eux eut des successeurs, ce qui ne servit qu'à perpétuer le schisme, et à aigrir tous les maux qui en étaient la suite.

HUITIÈME ÉPOQUE

Depuis la fin du grand schisme d'Occident, l'an de J.-C. 1417, jusqu'à l'abjuration de Henri. 1V, l'an de J. C. 1593. Elle renferme 176 ans.

D. Comment se termina le grand schisme d'Occident ?

R. Dieu n'abandonna pas son Eglise dans le péril extrême où elle se trouvait. Les princes chrétiens, touchés des suites funestes d'un schisme qui avait déjà duré quarante ans, et qui menaçait de se perpétuer, engagèrent les cardinaux des divers partis à se réunir pour convoquer un concile. Ce concile, qui fut le seizième général, se tint à Constance. Les prétendants à la papauté abdiquèrent, ou furent déposés : on élut Martin V, qui fut généralement reconnu ; et la paix fut rétablie dans l'Eglise.

D. Faites-nous connaître l'hérésie des Hussites.

R. Jean Huss, auteur de cette hérésie, attaqua les lois de l'Eglise, l'autorité des premiers pasteurs, et plusieurs autres articles de notre foi. Il avait profité des temps de troubles qui précédèrent le concile de Constance pour répandre ses erreurs à Prague et dans toute la Bohême. Cité par le concile, il consentit à s'y présenter, et déclara par écrit qu'il voulait bien être jugé et puni, si l'on pouvait le convaincre d'aucune erreur. Alors l'empereur Sigismond lui donna un sauf-conduit, non pour le garantir du châtiment auquel il se soumettait lui-même, mais pour lui faciliter les moyens de se justifier, s'il était calomnié comme il disait.

Jean Huss, arrivé à Constance, se mit à dogmatiser, sans attendre le jugement du concile, et refusa opiniâtrément de se rétracter et de se taire. Alors cet hérésiarque obstiné fut saisi, dégradé des saints ordres, et livré au magistrat de Constance, qui, suivant les lois impériales contre les impies, le condamna à être brûlé avec ses livres. Le concile ne sollicita point son supplice ; mais laissa agir la justice du souverain, qui certainement peut, pour le bien de l'Etat, punir ceux qui troublent l'ordre en répandant de mauvaises doctrines, souvent plus funestes à la tranquillité publique que les vols et les assassinats.

D. Les Grecs schismatiques ne se réunirent-ils pas une seconde fois à l'Eglise latine ?

R. Depuis longtemps on invitait les Grecs à revenir de leurs erreurs, et toutes les tentatives avaient échoué. Enfin l'empereur grec Jean Paléologue et le pape Eugène IV, convinrent que l'on assemblerait un concile général, composé de Grecs et de Latins. Il se tint à Florence, et fut le dix-septième général.

Là les Grecs renouvelèrent ce qu'ils avaient fait à Lyon cent cinquante ans auparavant ; ils abjurèrent le schisme, et donnèrent une profession de foi conforme à celle de l'Eglise romaine, dans laquelle ils reconnaissaient en particulier que le Saint-Esprit procède du Fils comme du Père, et que le Pape est le chef de l'Eglise universelle (1439). Mais cette réunion ne dura pas plus que la précédente. Quand les patriarches et les autres prélats grecs furent de retour à Constantinople, ils trouvèrent le clergé et le peuple de cette ville étrangement prévenus contre l'union avec l'Eglise latine. Intimidés par ce déchaînement de leurs concitoyens, ils renoncèrent à ce qu'ils avaient fait à Florence, et le schisme fut consommé sans retour.

D. Quelle punition Dieu tira-t-il de l'opiniâtreté des Grecs ?

R. Un endurcissement si criminel ne resta pas sans punition. Mahomet II, sultan des Turcs, vint mettre le siége devant Constantinople avec une armée de trois cent mille hommes. La ville fut emportée d'assaut. Rien n'échappa à l'épée des vainqueurs : ils firent un carnage horrible des habitants, et pendant trois jours que dura le pillage, ils commirent les plus grands excès (1455).

Ainsi périt l'empire grec de Constantinople, après avoir duré plus de onze cents ans depuis le grand Constantin. Ce fut une punition manifeste de l'opiniâtreté des Grecs schismatiques. Ils n'ont pas voulu reconnaître l'autorité du successeur de saint Pierre, et ils sont tombés sous le joug des infidèles, de qui ils n'ont jamais dû attendre que l'oppression et l'esclavage.

D. Dites-nous l'origine et les progrès du luthéranisme.

R. L'auteur de cette hérésie, la plus terrible et la plus funeste qui ait attaqué l'Église depuis l'arianisme, fut un moine allemand nommé Luther. Esprit inquiet et ardent, il se mit à parler et à écrire contre le purgatoire, la liberté, les indulgences, la confession, la primauté du pape, les vœux monastiques, etc.; et cet amas d'erreurs, il le qualifia du nom de *réformation* (1517).

Pour se procurer de l'appui, Luther engagea les princes d'Allemagne à s'emparer des biens ecclésiastiques : c'était un moyen sûr de les attirer à son parti. Le nouveau réformateur poussa la complaisance jusqu'à permettre à l'un d'eux, contre la défense expresse de Jésus-Christ, d'avoir deux épouses à la fois ; lui-même, tout prêtre et religieux qu'il était, eut l'audace de se marier publiquement, et ce fut une religieuse qu'il épousa.

Une secte si favorable aux inclinations corrompues de l'homme s'étendit avec rapidité, et infecta, outre une partie de l'Allemagne et de la Suisse, la Suède, la Norwége et le Danemarck. Luther, se voyant à la tête d'un parti redoutable, leva entièrement le masque. Il exhala sans ménagement sa bile contre le souverain pontife et contre les défenseurs de la foi catholique. On ne peut voir sans indignation les bouffonneries, les grossièretés, les turpitudes même, dont ce fougueux apôtre a sali ses ouvrages, et l'on aurait peine à concevoir comment il a pu séduire tant de peuples, si l'on ne connaissait quelle est la force de la passion des richesses et des plaisirs sur le cœur humain.

D. Quel autre hérésiarque célèbre marcha sur les traces de Luther ?

R. Lorsque Luther eut donné l'exemple du mépris pour l'autorité de l'Eglise, il s'éleva plusieurs autres prétendus réformateurs, dont le principal fut Calvin (1533). Ce novateur adopta les erreurs de Luther, et enchérissant encore sur lui, il osa enseigner cette horrible proposition : Que Dieu a créé la plupart des hommes pour les damner, non à cause de leurs crimes, mais parce qu'il lui plaît ainsi. Il rejeta la présence réelle de Jésus-Christ dans l'Eucharistie, et presque tous les sacrements. Il ne voulait ni pape, ni évêques, ni prêtres, ni fêtes, ni aucune des cérémonies saintes usitées dans l'Eglise.

Calvin, après plusieurs courses, alla se fixer à Genève, dont il fit comme le centre de sa secte. Son pouvoir y était absolu ; et cet homme qui prêchait qu'on ne devait pas écouter l'Eglise, ni lui obéir, exigeait des autres une soumission aveugle pour tout ce qu'il lui plaisait de décider. Il fit brûler un homme qui avait avancé des erreurs sur le mystère de la sainte Trinité : et cependant il déclamait avec fureur contre la juste sévérité dont on usait en France contre les hérétiques : c'est ainsi que l'iniquité se contredit elle-même.

D. Quelle fut la cause du schisme d'Angleterre ?

R. Henri VIII, roi de cette île, ayant conçu une passion coupable pour Anne de Boulen, entreprit, afin de l'épouser, de répudier la reine sa femme. Mais le souverain pontife jugea que les raisons qu'il alléguait pour autoriser cette démarche n'étaient pas fondées, et il refusa de séparer ce que Dieu avait uni. Alors ce prince passionné se livra à son ressentiment : il ne voulut plus reconnaître l'autorité du souverain pontife, et se fit déclarer lui-même chef de l'Eglise anglicane (1534).

Sous le règne de Marie, sa fille, l'Angleterre revint pour quelques années à la foi catholique. Mais Elisabeth, qui lui succéda, replongea ce malheureux royaume dans le schisme. Depuis ce temps l'Angleterre est devenu le centre et le foyer de toutes les erreurs, et c'est de son sein que sont partis les premiers apôtres de cette impiété frénétique qui de nos jours a fait tant de ravages sous le nom de *philosophie*.

D. A quels excès se portèrent les Luthériens et les Calvinistes ?

R. Luther avait prêché hautement la révolte non-seulement contre l'Eglise, mais aussi contre les princes. Fidèles à de tels principes, ses disciples, sous le nom de *Protestants*, prirent les armes, et portèrent le ravage dans les pays catholiques où ils purent pénétrer. Sur leurs étendards était tracée cette inscription : *Plutôt Turcs que Papistes*. Ce ne fut qu'avec beaucoup de peine que l'empereur Charles-Quint parvint à les empêcher de tout envahir ; il en coûta du sang et des combats.

Les Calvinistes, en France, ne furent pas moins entreprenants ; ils déchirèrent leur patrie par des guerres civiles accompagnées des plus horribles excès. On a compté jusqu'à vingt mille églises que ces fanatiques révoltés détruisirent pendant le cours de ces guerres. Dans une seule province, ils tuèrent deux cent cinquante-six prêtres et cent douze religieuses ; ils brûlèrent neuf cents villes et villages. Leur fureur se porta jusque sur les reliques des saints, qu'ils brûlaient ignominieusement quand ils pouvaient les enlever, et dont ils jetaient les cendres au vent.

D. Quel remède l'Eglise opposa-t-elle aux progrès des nouvelles hérésies?

R. Pour mettre des bornes aux progrès de l'hérésie, on crut devoir assembler un concile général, qui fut le dix-huitième. Les protestants eux-mêmes en avaient demandé un. On le tint à Trente ; ils y furent invités ; mais ils ne voulurent ni s'y rendre, ni se soumettre à ses décisions. Aussi furent-ils condamnés par le concile, et leur obstination les sépara entièrement de l'Eglise, dont ils étaient depuis longtemps les ennemis implacables (1565).

D. Comment furent réparées les pertes que la religion venait de faire en Europe?

R. Elles furent avantageusement réparées par le zèle de saint François Xavier, qui gagnait alors à Jésus-Christ des contrées immenses, des peuples innombrables. Xavier, noble Navarrais, enseignait la philosophie dans l'Université de Paris, lorsque, désabusé de la vanité des choses du monde, il s'attacha à saint Ignace de Loyola, fondateur de la Compagnie de Jésus, et devint un de ses premiers disciples (1534). Ayant été choisi pour porter l'Evangile aux Indes orientales, il parcourut de vastes contrées où l'on n'avait encore aucune connaissance de Jésus-Christ. Partout il opéra des conversions innombrables ; les temples des idoles furent détruits, et en leur place s'élevèrent de tous côtés des églises consacrées au vrai Dieu.

Après avoir converti les Indes, soit par lui-même, soit par ses compagnons, saint François Xavier, toujours avide de conquêtes spirituelles, s'embarqua pour les îles du Japon, et commença à y prêcher l'Evangile. L'austérité de la vie du saint apôtre, la force de ses prédications et l'éclat de ses miracles attirèrent à la foi un nombre prodigieux de Japonais. Ces nouveaux disciples de Jésus-Christ retraçaient l'image de toutes les vertus du premier âge de l'Eglise. Au commencement du XVIIe siècle, on en comptait plusieurs millions convertis par les successeurs de saint François Xavier.

Mais alors il s'éleva contre eux une persécution, la plus longue et la plus cruelle qui ait jamais désolé la religion. Tous les ouvriers évangéliques périrent au milieu des tourments, le sang des fidèles ruissela de toutes parts, et la rage des persécuteurs ne s'arrêta que lorsqu'elle ne trouva plus de victimes à immoler.

D. Quel était l'état de la religion en France à la fin de la huitième époque ?

R. Elle était dans la situation la plus triste. Depuis trente ans les calvinistes révoltés s'obs-

tinaient à déchirer leur patrie, et plus d'une
fois déjà ils y avaient mis la religion en péril,
lorsque la mort de Henri III donna un nouveau
sujet de crainte que l'erreur ne vînt enfin à
prévaloir sur la vérité. L'héritier de la couronne
était Henri IV, chef du parti calviniste; l'hérésie semblait être sur le point de monter avec
lui sur le trône. Mais une crainte en apparence
si bien fondée n'eut pas de suite, et la religion,
malgré la perversité des vues d'un grand nombre de ses défenseurs, sortit encore triomphante d'une lutte où tout devait la faire suc-
comber.

NEUVIÈME ÉPOQUE.

*Depuis l'abjuration de Henri IV, l'an 1593,
jusqu'à la révolution française, l'an 1789. Elle
renferme 196 ans.*

D. Comment Henri IV se détermina-t-il à
faire l'abjuration du calvinisme?

R. Ce furent les ministres de cette secte qui,
contre leur intention, achevèrent de le déter-
miner à l'importante démarche qu'il méditait.
Le prince s'était déjà fait instruire dans la religion catholique. Avant de se déclarer, il voulut

savoir ce qu'en pensaient les ministres protestants, et leur demanda s'ils croyaient qu'on pût se sauver dans l'Eglise romaine. Ils furent obligés de convenir qu'on le pouvait. « Pourquoi donc, reprit le roi, l'avoir abandonnée ? Les catholiques soutiennent qu'on ne peut se sauver dans la vôtre ; vous convenez qu'on peut se sauver dans la leur ; le bon sens veut que je prenne le plus sûr, et que je préfère une religion dans laquelle, de l'aveu de tout le monde, je puis faire mon salut. » Le roi agit en conséquence : il abjura solennellement le calvinisme, et reçut du pape l'absolution des censures qu'il avait encourues par l'hérésie. L'abjuration du roi sauva la foi près de s'éteindre en France : et le prince prouva la sincérité de sa démarche par la protection éclatante qu'il ne cessa de donner à la religion dans ses États.

D. Quels furent dans les XVIe et XVIIe siècles les principaux fruits du concile de Trente?

R. Ces fruits furent grands et durables. Mais on peut dire qu'ils sont tous renfermés dans l'esprit de zèle et de lumière dont ce saint et savant concile anima un grand nombre d'ouvriers apostoliques, qui travaillèrent à guérir les plaies que l'ignorance, la corruption des mœurs, le schisme et l'hérésie avaient faites à l'Eglise, et qui lui rendirent en quelque sorte la vigueur et la fécondité des premiers siècles.

Parmi ces illustres personnages, on peut compter sainte Thérèse, qui, dans le temps même

du concile, réforma l'ordre des Carmélites;
saint Charles Borromée, archevêque de Milan,
qui, le premier de tous les évêques, commença
à exécuter les sages réformes proposées par le
concile; saint François de Sales, évêque de
Genève, qui signale son zèle pour la conversion
des hérétiques et des mauvais catholiques.

Plusieurs saints personnages, entre autres le
cardinal de Bérulle, fondateur de la congrégation de l'Oratoire, et saint Vincent de Paul, fondateur de la mission de saint Lazare et des filles
de la Charité, se signalèrent de même pendant
le xviie siècle par leur zèle et par leurs travaux.
En même temps on vit s'élever, sous les auspices
de M. Olier, la congrégation de Saint-Sulpice,
si célèbre par le talent particulier qu'elle a reçu
de Dieu pour la direction des séminaires (1645).
Bientôt après, M. de la Salle établit à Reims,
pour l'éducation des enfants du peuple, les
frères des Écoles chrétiennes; institution admirable dans sa simplicité même, contre laquelle
les efforts de l'impiété moderne ont été impuissants (1679). Ces établissements, et beaucoup
d'autres semblables, ranimèrent la ferveur non-
seulement dans le clergé régulier et séculier,
mais encore parmi les peuples, auxquels de
zélés missionnaires portaient sans cesse la parole du salut.

D. Le zèle des missionnaires du xviiie siècle
se borna-t-il à régénérer l'Europe?

R. Non; Dieu suscita dans tout le cours de

ce siècle une foule d'hommes apostoliques qui allèrent annoncer la foi de Jésus-Christ en Grèce, en Egypte, dans le cœur de l'Afrique et de l'Asie, à la Chine, et dans presque toute l'étendue de l'Amérique. Rien ne put rebuter ces ouvriers zélés, ni la distance des lieux, ni les incommodités des divers climats, ni la barbarie des peuples à qui ils portaient la parole du salut. Ces terres lointaines, si longtemps incultes, arrosées de la sueur, et souvent même du sang des missionnaires, devinrent plus fertiles, et produisirent une moisson abondante, qui répara avantageusement les plaies que de nouvelles erreurs faisaient en Europe à la religion.

D. Qu'est-ce que le jansénisme?

R. Le jansénisme est l'hérésie la plus artificieuse peut-être de toutes celles qui ont paru jusqu'à présent. Jansénius, évêque d'Ypres, en fut l'auteur : il la déposa dans un livre qui fut intitulé *Augustinus*, comme si ce livre n'eût contenu que la doctrine de saint Augustin ; mais il contenait, en effet, le calvinisme un peu mitigé. On y voit entre autres ces désespérantes propositions : *Que l'homme ne peut résister à la grâce ; que Jésus-Christ n'est pas mort pour tous les hommes : qu'il y a des commandements de Dieu impossibles non-seulement aux pécheurs, mais encore aux justes, et que la grâce même leur manque pour pouvoir les accomplir.* Ce qui fait de Dieu un tyran qui ordonne l'impossible, et de

l'homme une machine qui se porte nécessaire-
ment au bien quand il a la grâce, et au mal
quand il ne l'a pas (1640).

D. Quelle fut la marche des jansénistes, tant
avant qu'après la condamnation de leurs erreurs ?

R. Avant que le souverain pontife eût porté
son jugement sur ces monstrueuses erreurs, les
partisans de Jansénius avaient protesté de la
plus entière soumission. Dès qu'ils les virent
condamnées (1653), ils soutinrent qu'elles n'é-
taient pas dans l'*Augustinus*, comme si l'Eglise,
qui est la colonne de la vérité, pouvait voir dans
un livre des erreurs qui n'y sont pas. Mais
l'Eglise réprouva cette téméraire prétention;
et la constitution *Unigenitus*, qui dans les erreurs de Quesnel condamnait de nouveau celles
de Jansénius (1713), fut reçue avec autant de
joie que de respect par les évêques de tout l'univers chrétien.

D. A quelles causes doit-on attribuer l'irréligion du xviiie siècle ?

R. Les causes premières de l'irréligion du
xviiie siècle furent l'orgueil de l'esprit et la
corruption du cœur. De ces sources empoison-
nées sortirent le schisme de Henri VIII, les
hérésies de Luther, de Calvin, de tous les novateurs modernes, qui, enchérissant les uns sur
les autres, rejetèrent successivement tous les
dogmes qui étonnaient leur raison, et tous les

préceptes qui gênaient leurs passions. Ce fut en Angleterre que l'esprit d'irréligion se développa d'abord ; bientôt après il se propagea en France, et de là se répandit dans toute l'Europe.

D. Par quels degrés l'esprit d'irréligion passa-t-il pour arriver au point où nous l'avons vu ?

R. Après que les protestants eurent secoué le joug de l'obéissance qu'ils devaient à l'Eglise, la raison humaine devint chez eux l'unique juge de la foi. Ce faux principe devait les conduire aux derniers excès ; et c'est ce qui arriva. Bientôt des esprits orgueilleux refusèrent de croire ce qu'ils ne comprenaient pas. et rejetèrent les mystères de la religion : c'est ce que firent les sociniens. Le premier pas une fois fait, on alla jusqu'à combattre la révélation elle-même : c'est ce que firent les déistes ; jusqu'à révoquer en doute, jusqu'à nier les vérités les plus claires et les plus consolantes, la liberté, la spiritualité, l'immortalité de l'âme, la justice, la providence, l'existence même d'un Dieu créateur et conservateur du monde : c'est ce que firent les matérialistes et les athées. Tels furent les hommes qui se décorèrent du titre fastueux de *philosophes*.

D. Comment le jansénisme contribua-t-il aux progrès de l'incrédulité?

R. Il y contribua par la manière dont il défendit ses erreurs. Ces faux miracles que ses partisans avaient forgés pour séduire les simples, servirent de prétexte à l'incrédulité naissante pour décrier les vrais miracles sur lesquels est fondée la religion. Les déclamations de ces sectaires contre les souverains pontifes et les évêques avilirent l'autorité de l'Église aux yeux des peuples, toujours prêts à juger sans examen. Les jansénistes, condamnés par les premiers pasteurs, invoquèrent contre eux l'autorité séculière ; et dès lors les parlements s'arrogèrent le droit de poursuivre les évêques qui se distinguaient par leur zèle contre l'erreur ; ils en vinrent jusqu'à faire brûler leurs instructions pastorales par la main du bourreau.

De tous les évêques qui furent persécutés alors, aucun ne montra plus de fermeté que l'illustre Christophe de Beaumont, archevêque de Paris (1757). Sans cesse attaqué par le parlement, souvent menacé, dépouillé, exilé même, il ne cessa d'élever la voix contre les entreprises de l'hérésie et de l'impiété, et mérita d'être surnommé l'*Athanase* de la France.

D. Quel était, après le corps des premiers pasteurs, le principal obstacle aux progrès de l'irréligion, et comment réussit-on à le renverser ?

R. Un grand obstacle aux progrès de l'irréligion, c'était la Compagnie de Jésus, dont les ennemis de l'Église romaine, tant jansénistes que philosophes, redoutaient le zèle et les talents. On travailla donc à sa destruction. Le philosophe d'Alembert l'avoue lui-même. « C'est proprement, dit-il, la philosophie qui, par la bouche des magistrats, a porté l'arrêt contre les jésuites ; le jansénisme n'en a été que le solliciteur. » C'est ce que remarquait aussi le pape Clément XIII dans un bref à Louis XV. « Il y a longtemps, dit-il, que les ennemis de notre sainte religion ont eu pour objet la destruction de ces religieux ; ils l'ont regardée comme absolument nécessaire au succès de leurs complots. »

Ces complots l'emportèrent sur les réclamations de Clément XIII et des évêques de tous les pays catholiques. Les cours de France, d'Espagne, de Naples et de Portugal abolirent la Compagnie de Jésus ; tous les jésuites, sans exception, furent bannis de ces royaumes catholiques. Ceux qui, dans les colléges, s'étaient consacrés à l'éducation de la jeunesse furent proscrits avec ceux dont les talents et les ouvrages faisaient la gloire des lettres aussi bien que de la religion ; avec ceux qui, parcourant les villes et les campagnes. ressuscitaient partout l'esprit de pénitence et de ferveur ; avec ceux même qui, répandus parmi les nations idolâtres de l'Asie et de l'Amérique, arrosaient ces contrées lointaines de leurs sueurs et de leur sang ; tous éprouvèrent de la part des persécuteurs les traitements réservés aux plus insignes criminels (1764). Mais la patience avec laquelle ces religieux souffrirent de si indignes traitements confirma, aux yeux mêmes de leurs ennemis, les apologies qui parurent en leur faveur.

D. Quels étaient les principaux chefs du parti philosophique ?

R. C'étaient Jean-Jacques Rousseau et Voltaire. Le premier sut fasciner son siècle par des théories brillantes, par des paradoxes aussi funestes que séduisants ; et après avoir osé défier le souverain Juge de trouver un mortel meilleur que lui, il termina ses jours par le suicide. Le second, ennemi frénétique du christianisme, se flattait de parvenir à l'écraser par ses pamphlets. « Dans vingt ans, écrivait-il en 1758, Dieu verra beau jeu. » Vingt ans après, jour pour jour, il fut frappé de la même maladie qui le conduisit au tombeau, et il expira dans les convulsions du désespoir, en s'écriant : « Je meurs abandonné de Dieu et des hommes ! »

On a remarqué que les premiers disciples de ce trop fameux impie, les d'Alembert, les Diderot, etc., réclamèrent, quoique en vain, le secours de la religion qu'ils avaient combattue toute leur vie. Ce retour était un effet de l'éducation religieuse qu'ils avaient reçue. Ceux qui leur ont succédé ne donnent pas les mêmes gages de repentir : ils ont été élevés sans religion : semblables à des brutes, ils vivent et meurent sans religion.

D. En quoi consiste la doctrine des philosophes modernes ?

R. C'est ce qu'il est difficile de dire, puisqu'ils n'en ont jamais eu, à moins qu'on appelle doctrine un chaos de contradictions choquantes et de honteuses infamies. Nous pourrions ajouter que leur doctrine se réduit en dernière analyse à nier toutes les vérités, à calomnier toutes les vertus, à enseigner toutes les erreurs, à encourager tous les crimes. Ils n'ont jamais eu que le talent de détruire ; c'est le talent de l'enfer. En enlevant à leurs adeptes l'espérance des biens éternels, ils n'ont pas même su leur assurer les courtes joies de la vie présente. N'est-ce pas de leurs rangs, en effet, que sortent tant de malheureux qui, rassasiés de jouissances, ne peuvent supporter le fardeau de la vie, succombent à l'ennui et cherchent dans le suicide le néant qui leur échappe ! Vit-on jamais un chrétien fidèle à ses devoirs, et placé par la Providence au milieu non des plaisirs, mais des croix, se lasser ainsi de vivre, et finir par le désespoir.

D. Quels furent les progrès du philosophisme dans différentes classes de la société ?

R. Le philosophisme commença par infecter les gens de lettres et les grands. Les scandales qui résultaient de la perversité des penchants et de la licence des opinions descendirent rapidement dans les classes moyennes; bientôt le poison, continuant de s'étendre, alla infecter le simple peuple, celui des villes d'abord, puis celui des campagnes. Pour accélérer ce qu'on appelle l'œuvre de la régénération universelle, on colporta de toutes parts les écrits les plus hardis

et les plus séduisants, on en distribua gratuitement, ou presque gratuitement, des millions
d'exemplaires dans les ateliers, dans les chaumières, dans les écoles, dans les lieux de réu-
nions publiques, partout enfin où il y avait des
âmes à pervertir et à matérialiser.

D. Quels furent les derniers résultats des
efforts de la philosophie moderne ?

R. Ils aboutirent à une persécution **ouverte**
qui ne le céda ni en durée ni en rigueur à celles
des premiers siècles de l'Eglise. Les philosophes
avaient publié que les cloîtres n'étaient peuplés
que de victimes, et qu'on n'avait qu'à en **ouvrir**
les portes pour voir toutes les religieuses se
hâter d'en sortir. Les cloîtres furent donc ou-
verts ; mais les religieuses se firent un devoir
de rester dans les asiles de la vertu. Il fallut
que la violence vint les en arracher, et leur
constance devint pour l'univers un spectacle
d'admiration et pour la religion une victoire
éclatante (1792).

D. Quels outrages la religion eut-elle encore
à essuyer de la part des impies ?

R. Les excès dont on vient de parler n'étaient
que le prélude des coups qu'ils lui préparaient.
Bientôt les monastères furent pillés, souillés,
détruits, et les établissements que la charité
avait consacrés aux pauvres et aux malades
furent dévastés et renversés. Tout culte religieux fut à la fin proscrit; de tant d'églises

qu'avait élevées la piété de nos pères, les unes furent démolies, les autres profanées ; les croix, les reliques des saints, les vases sacrés, les saints mystères eux-mêmes furent indignement foulés aux pieds. Enfin, pour ajouter à ces horreurs des abominations jusqu'alors inouïes, l'on vit d'infâmes créatures, travesties en *déesses de la Raison*, s'asseoir dans le lieu saint, sur l'autel du Dieu vivant, et recevoir l'encens de l'idolâtrie la plus honteuse qui fut jamais (1793).

D. Les auteurs de la persécution surent-ils du moins respecter la vie de leurs concitoyens ?

R. Ces hommes qui avaient fait résonner si haut les grands mots de tolérance et de liberté, de justice et d'humanité, se livrèrent, dès qu'ils se virent les plus forts, à tout ce que l'injustice et la férocité ont de plus horrible. Il serait long d'entrer dans le détail de leurs actes. On se rappelle assez les massacres de septembre 1792, les noyades de la Loire au moyen de bateaux à soupapes, les tribunaux révolutionnaires où des milliers d'innocents furent condamnés comme fanatiques, c'est-à-dire comme chrétiens, et livrés à la mort (1793 et 1794). C'est ainsi qu'après dix-huit cents ans la croix de Jésus-Christ trouvait encore des bourreaux et enfantait des martyrs.

D. Que devinrent les ministres de la religion qui avaient échappé aux massacres ?

R. Leur tête fut mise à prix. Poursuivis avec

une animosité qui tenait de la rage, environnés d'espions, de traîtres et de faux frères, toujours la mort devant les yeux, ils ne cessèrent pas néanmoins de parcourir les villes et les campagnes, et de porter aux peuples restés fidèles les secours de la religion. Comme dans les anciennes persécutions, on célébrait les saints mystères dans le silence de la nuit ; les appartements les plus reculés, les chaumières, les forêts, le fond même des cavernes servaient d'asile à Jésus-Christ chassé de ses temples, et à ses ministres bannis d'une terre devenue infidèle et idolâtre. Plusieurs furent victimes de leur charité, et montèrent sur les échafauds ; mais d'autres prenaient aussitôt la place de ceux que le fer de la persécution avait moisonnés, et succédaient à leurs travaux comme à leur dévouement ; de sorte que dans ces jours d'horreur et de carnage, où c'était un crime digne de mort que de paraître chrétien, on ne vit jamais ni la religion entièrement privée de ses ministres, ni le fidèle destitué de ses consolations (1793).

D. La persécution ne s'adoucit-elle pas dans la suite ?

R. La persécution s'adoucit sous le Directoire, mais elle ne cherchait pas moins à miner sourdement et à étouffer le christianisme. Pie VI fut enlevé de Rome et transféré à Valence, où il mourut bientôt (1799). Pie VII, son successeur, conclut un concordat avec Bonaparte, alors premier consul (1801). Cet acte rendit la paix à l'Eglise de France, et le culte public fut rétabli. Quelques années après (1809), Pie VII fut détrôné et conduit à Savone, et enfin à Fontainebleau, où il resta prisonnier pendant quatre ans.

D. Comment furent traités alors les cardinaux et les prélats de l'Eglise romaine ?

R. Dispersés sur tous les points de la France, ils laissèrent partout des exemples mémorables de patience, de modestie, de piété, de charité ; et jamais l'Eglise romaine, cette Eglise tant calomniée par les novateurs. et jusqu'alors si méconnue par un grand nombre de ses propres enfants, ne parut plus auguste, plus sainte et plus divine.

D. Quelle instruction devons-nous tirer de l'histoire de l'Eglise catholique ?

R. L'histoire de l'Eglise nous apprend assez que sa destinée ici-bas est d'être toujours attaquée et toujours triomphante. Ainsi, pour faire voir qu'elle est son ouvrage, Dieu a voulu qu'elle s'établît malgré l'opposition des hommes, et qu'elle fût fondée sur le martyre.

A peine commençait-elle à respirer sous le grand Constantin, qu'elle vit les hérésies s'élever contre elle et attaquer successivement tous les articles de sa foi. Mais l'enfer la trouva aussi invincible contre les divisions intestines qu'elle l'avait été contre les ennemis du dehors : à mesure qu'une hérésie lui enlevait quelques enfants, elle ne manquait jamais de réparer ses pertes par de nouvelles conquêtes.

L'Eglise de Jésus-Christ doit durer jusqu'à la consommation des siècles ; les différentes révolutions des Etats ne l'ébranlent pas, elle survit à leur ruine. Elle a vu les royaumes, les républiques, les empires s'écrouler et tomber autour d'elle et au milieu d'elle ; seule elle est demeurée ferme et immobile, et après dix-huit siècles elle montre toute la vigueur et la fécondité de sa jeunesse. Ceux qui viendront après nous la trouveront encore subsistante : elle continuera de s'avancer d'un pas assuré à travers les siècles et les révolutions humaines, jusqu'à la fin des temps, pour se réunir à Jésus-Christ dans le lieu de son repos éternel.

Pour nous, nés et élevés dans le sein de cette Eglise, instruits de sa doctrine, sanctifiés par ses sacrements, nourris dans les principes d'un attachement inviolable à sa foi et à son autorité, édifions-nous du bien qui s'y fait, gémissons du mal que nous ne pouvons empêcher ; séparons-nous des méchants qui la déshonorent, et partageons ses combats, si nous voulons participer à ses triomphes.

CHRONOLOGIE

DES PAPES, CONCILES, ORDRES RELIGIEUX,
HÉRÉSIES, ÉVÉNEMENTS REMARQUABLES, PRINCIPAUX
PERSONNAGES, ETC.

Première époque. Naissance de N.-S. J.-C.

PAPES.		CONCILES, etc.
S. Pierre, premier pape en	33	S. Étienne, 33... Conversion de saint Paul.
mort en	66	34... Évangile de saint Matthieu, 36... Vocation du centurion Corneille, 39... S. Jacques le Majeur, 44... Concile de Jérusalem, 51... Première persécution par Néron, 64.
		Simon le Magicien, 65.
		Ruine de Jérusalem, 70.
S. Lin,	76	Seconde persécution par Domitien, 93.
S. Anaclet,	91	Évangile de saint Jean, 97.
S. Clément,	100	Troisième persécution par Trajan, 107... S. Ignace, 107... S. Siméon, 107...
S. Évariste,	109	
S. Alexandre I,	119	
S. Sixte I,	127	Quatrième persécution par Marc-Aurèle,
S. Télesphore,	139	162... S. Polycarpe, 166... S. Justin,
S. Hygin,	142	167... Montanistes, 171... Légion Ful-
S. Pie I,	157	minante, 174.
S. Anicet,	168	
S. Soter,	177	S. Pothin, 177... S. Symphorien, 179... Mission aux Indes, 189.
S. Eleuthère,	193	Cinquième persécution par Septime-Sé-
S. Victor I,	202	vère, 202.
S. Zéphirin,	218	S. Irénée, 203... Ste Perpétue, etc., 206.
S. Calixte,	222	Clément d'Alexandrie, 220.
S. Urbain I,	230	S. Hilarion, 229.
		S. Grégoire Thaumaturge, 231.
S. Pontien,	235	Sixième persécution, par Maximin, 235.
S. Anthère, m.,	236	Mission dans les Gaules, 245.
		Tertullien, 246.

PAPES.		CONCILES, etc.
S. Fabien.	250	Septième persécution, par Dèce, 250... Schisme des Novatiens, 251.
S. Corneille,	252	
S. Lucius,	253	Origène, 253.
S. Etienne I,	257	Huitième persécution par Valérien, 257... S. Cyprien, 258.
S. Sixte II,	259	
S. Denis,	269	
S. Félix,	274	Neuvième persécution, par Aurélien, 272...
S. Eutychien,	283	Manichéens, 277.
S. Caius,	296	Légion Thébéenne, 286.
		S. Sébastien, 298.
		Dixième persécution, par Dioclétien, 302...
S. Marcellin,	304	S. Vincent, 304.
S. Marcel,	310	
S. Eusèbe,	310	

Seconde Epoque. Conversion de Constantin, 312.

PAPES.		CONCILES, etc.
S. Melchiade,	314	Donatistes, 314... Ariens, 316.
		Premier concile général à Nicée, 325... Invention de la sainte Croix, 327... Conversion des Ethiopiens, 330... Persécution
S. Silvestre,	335	
S. Marc,	336	des Ariens, 337... Persécution de Sapor, 340... S. Paul, premier ermite, 341.
S. Jules I,	352	S. Antoine, 356... Osius, 357.
		Persécution de Julien, 361.
Libère,	366	Macédoniens, 363... S. Athanase, 375... S. Basile, 379.
		Second concile général à Constantinople, 381.
		Traduction de la Vulgate, 383.
S. Damase,	384	S. Grégoire de Nazianze, 389.
S. Sirice,	398	Théodose, 397... S. Ambroise, 398.
		Missions chez les Scythes, 399... S. Martin, 400.
S. Anastase I,	401	Pélagiens, 402.. S. Jean Chrysostome, 407.
S. Inocent I,	417	
S. Zozime,	418	S. Jérôme, 420.
		Nestoriens, 420.
S. Boniface I,	422	S. Augustin, 430.
S. Célestin I,	432	Troisième concile général à Ephèse, 431... S. Cyrille d'Alexandrie, 444... Eutychiens, 448.
S. Sixte III,	440	
		Quatrième concile général, à Chalcédoine,

PAPES.	CONCILES, etc.
	451... Persécution des Vandales, 457... S. Siméon Stylite, 461.
S. Léon le Grand. 461	
S. Hilaire, 468	
S. Simplice, 483	
S. Félix III, 492	
S Gélase I. 496	

Troisième Epoque. Conversion de Clovis, 496.

PAPES.	CONCILES, etc.
S. Anastase II, 498	Sainte Geneviève, 511... Institution des Rogations, 511.
Symmaque, 514	
Hormisdas, 523	Concile d'Orange, 529.
S. Jean I, 526	Fondation du Mont-Cassin... S. Benoît,
Félix IV, 530	530... S. Remi, 530.
Boniface II, 532	
Jean II, 535	Premier usage de l'ère chrétienne vers 535.
Agapet I, 536	Sainte Clotilde, 543.
Silvère, 538	Cinquième concile général, second de Constantinople, 553.
Vigile, 555	
Pélage I, 560	Conversion des Visigoths, 558.
Jean III, 573	
Benoît I, 578	Conversion des Anglais, 597.
Pélage II, 590	
Saint Grégoire le Grand, 604	Saint Augustin de Cantorbéry, 607.
Sabinien 606	
Boniface III, 606	
Boniface IV, 614	
S. Dieudonné I, 617	Saint Jean l'Aumônier, 616.

Quatrième Epoque. Fuite de Mahomet, 622.

PAPES.	CONCILES, etc.
Boniface V, 625	
Honorius I, 638	Exaltation de la sainte Croix, 629.
Séverin, 640	Monothélites, 630.
Jean IV, 642	Mission dans les Pays-Bas, 643.
Théodore I, 649	Sainte Gertrude, 650.
S Martin I, 654	
S. Eugène I, 657	S. Maxime, 662... S. Eloi, 663.
Vitalien, 672	
Dieudonné II, 676	
Domnus I, 678	

PAPES.		CONCILES, etc.
Agathon,	680	Sixième concile général, troisième de Constantinople, 680.
S. Léon II,	683	
Benoît II,	685	
Jean V,	687	
Conon,	687	Mission en Frise, 690.
S. Sergius I,	701	
Jean VI,	705	
Jean VII,	707	
Sisinnus,	708	
Constantin.	715	
Grégoire II,	731	Maures en Espagne, 711.
Grégoire III,	741	Conversion des Allemands, 719.
Zacharie,	752	Iconoclastes, 724.
Etienne II,	757	Patrimoine de St-Pierre, 755. Conversion des Bulgares, 756.
Paul I,	767	Persécution des Iconoclastes, 766.
Etienne III,	772	
Adrien I,	795	Septième concile général, second de Nicée, 787... Conversion des Saxons, 778.

Cinquième Epoque. Couronnement de Charlemagne, 800.

		Grand hôpital de Paris, avant 810.
Léon III,	816	Conversion des Danois, 826.
Etienne IV,	817	
S. Pascal I,	824	
Eugène II,	827	
Valentin,	827	
Grégoire IV,	844	
Sergius II,	847	Conversion des Suédois, 830.
Léon IV.	855	Persécution des Maures en Espagne, 850.
Benoît III,	858	Huitième concile général, quatrième de Constantinople, 869.
Nicolas I,	867	
Adrien II.	872	Conversion des Bohémiens, 880.
Jean VIII,	882	Hincmar, 862.
Martin II.	881	
Adrien III,	885	
Etienne V.	891	Photius, 892.
Formose,	896	
Boniface VI,	896	
Etienne VI,	897	Fondation de l'ordre de Cluny, 910. Conversion des Normands, 910.
Romain,	897	
Théodore II,	898	

PAPES.		CONCILES, etc.
an IX ,	900	
noît IV ,	903	
on V,	903	
rgius III,	911	
astase III,	913	
ndon,	914	
an X,	928	
on VI,	929	
ienne VII,	931	
an XI,	936	
on VII,	939	
ienne VIII,	942	
artin III,	946	Persécution des Maures en Espagne, 950.
apet II,	956	
an XII,	964	
on VIII,	965	Conversion des Polonais, 964.
noît V,	965	
an XIII,	972	Flodoard, 966.
noît VI,	974	
niface VII,	974	
mnus II,	974	
noît VII,	983	
an XIV,	984	
an XV,	985	Conversion des Russes, 989.
an XVI,	996	
régoire V,	999	Conversion des Hongrois, 1001.
lvestre II,	1003	Invention de la gamme par Guy d'Arezzo, vers 1005.
an XVII.	1005	
an XVIII,	1009	
rgius IV,	1012	
noît VIII,	1024	
an XIX,	1033	Etablissement de la trève de Dieu, 1041.
noît IX abdi-que,	1044	
régoire VI, ab-dique,	1046	
lément II,	1047	Commémoration des Fidèles trépassés, 1049.
noît IX, réta-bli.	1048	Hérésie de Bérenger, 1050 .. Schisme des Grecs, 1055... Election des Papes réservée aux Cardinaux, 1051.
amasse II,	1048	
. Léon IX,	1054	
ictor II,	1057	
tienne IX,	1058	
		S. Dominique le Cuirassé, 1062.
icolas II,	1061.	Ordre des Chartreux, par S. Bruno, 1084.

PAPES.		CONCILES, etc.
Alexandre II,	1073	
S. Grég VII,	1085	Concile de Clermont, 1095.
Victor III,	1087	Ordre de Cîteaux, 1098.

Sixième Epoque. Première Croisade, 1099.

PAPES.		CONCILES, etc.
Urbain II,	1099	Godefroi de Bouillon, 1100... Ordre Fontevrault, 1103... Pierre l'Ermit vers 1105... Ordre de Malte, 1110
Pascal II,	1118	
Gélase II,	1119	Ordre des Templiers, 1118.
		Ordre des Prémontrés, par S. Nobe
Calixte II,	1124	1121... Neuvième concile général, pr
Honorius II,	1130	mier de Latran, 1125... Dixième conc
Innocent II,	1143	général, second de Latran, 1189.
Célestin II,	1144	Seconde croisade, 1147... Albigeois, 114
Lucius II.	1145	
Eugène III,	1153	S. Bernard, 1158.
Anastase IV,	1154	
Adrien IV,	1159	Vaudois, 1160.
		Saint Thomas de Cantorbéry, 1170.
		Onzième concile général, troisième
Alexandre III,	1181	Latran, 1179.
Lucius III,	1185	
Urbain III,	1187	Ordre Teutonique, 1190.
Grégoire VIII,	1187	Troisième Croisade, 1191.
Clément III,	1191	Quatrième Croisade, 1197.
		Cinquième Croisade, 1204... Ordre d
Célestin III,	1198	Carmes, 1209... Ordre des Frères M
		neurs, par saint François d'Assise, 124
		Universités, vers 1210... Ordre des Cl
		risses, par sainte Claire, 1212... Do
		zième concile général, quatrième
		Latran, 1215... Ordre des Frères Pr
Innocent III,	1216	cheurs, par saint Dominique, 1216.
Honorius III,	1227	Mission en Prusse, 1224.
Grégoire IX,	1241	Treizième concile général, premier
Célestin IV,	1241	Lyon, 1245... Septième Croisade, 1249.
Innocent IV,	1254	Ordre des Augustins, 1256... Sorbonn 1256.
Alexandre IV,	1261	Fête du Saint-Sacrement, 1264.
Urbain IV,	1264	
Clément IV,	1268	Huitième Croisade, 1270.

Septième Epoque. Mort de S. Louis, 1270.

		Quatorzième concile général, second d Lyon, 1274... S. Thomas d'Aquin, 127

PAPES.		CONCILES, etc.
		Saint Bonaventure, 1274... Réunion des Grecs, 1274.
Grégoire X,	1276	
Innocent V,	1276	
Adrien V,	1276	
Jean XXI,	1277	
Nicolas III,	1280	Retour des Grecs au schisme, 1283.
Martin IV,	1285	
Honorius IV,	1287	
Nicolas IV,	1292	
S. Célestin V,	1294	Miracle des Billettes, 1296.
Boniface VIII,	1303	Institution du Jubilé, 1299.
S. Benoît XI,	1303	Séjour des Papes à Avignon, 1309.
		Quinzième concile général à Vienne, 1311.
Clément V,	1314	Suppression des Templiers, 1311.
Jean XXII,	1334	Fête de la Trinité, vers 1320.
Benoît XII,	1342	
Clément VI,	1352	
Innocent VI,	1362	
Urbain V,	1370	
Grégoire XI,	1378	Mission en Tartarie, 1370.
		Sainte Brigitte, 1373... Retour des Papes à Rome, 1376.
		Grand schisme d'Occident, 1378.
		Sainte Catherine de Sienne, 1380.
Urbain VI,	1389	Fête de la Visitation, 1389.
Boniface IX,	1404	
Innocent VII,	1406	
Grégoire XII abdique,	1409	Hussites, 1409.
Alexandre V,	1410	
Jean XXIII abdique,	1415	Seizième concile général à Constance, 1414.

Huitième Epoque. Fin du grand schisme d'Occident, 1417.

Martin V,	1431	Dix-septième concile général à Florence, 1439.
		Réunion des Grecs, 1439.
		Retour à leur schisme, 1440.
Eugène IV,	1445	Prise de Constantinople par les Turcs,
Nicolas V,	1455	1453... Ordre des Minimes, par saint
Calixte III,	1458	François de Paule, 1454.
Pie II,	1464	
Paul II,	1471	Thomas A-Kempis, 1471.

PAPES.		CONCILES, etc.
Sixte IV,	1484	Fête de la Conception, 1476.
Innocent VIII,	1492	Fin de la domination des Maures en Espagne, 1492.
Alexandre VI,	1503	
Pie III,	1503	
Jules II,	1513	Mission au Congo, 1504.
Léon X,	1521	Luthériens, 1517.
Adrien IV,	1523	Anabaptistes, 1520.
		Mission au Mexique, 1524.
		Ordre des Capucins, 1525.
		Confession d'Augsbourg, 1530.
		Ordre des Récollets, 1532.
Clément VII,	1534	Calvinistes, 1533.
		Schisme d'Angleterre, 1534.
		Compagnie de Jésus, par saint Ignace de Loyola, 1540... Mission des Indes, 1541... Ouverture du dix-huitième concile général à Trente, 1545... Sociniens, 1546...
Paul III,	1549	Missions du Japon, 1549
		Saint François Xavier, 1552.
		Missions d'Ethiopie, 1554.
Jules III,	1555	Missions du Brésil, 1554.
Marcel II,	1555	Saint Philippe de Néri, 1558.
Paul IV,	1559	Première révolte des Calvinistes en France, 1560.
		Ordre des Carmélites, par sainte Thérèse, 1563... Fin du concile de Trente, 1563... Etablissement des Séminaires, 1563...
		Ordre des Carmes déchaussés, par saint Jean de la Croix, 1568.
Pie IV,	1565	Massacre de la Saint-Barthélemi, 1572.
S. Pie V,	1572	
Grégoire XIII,	1585	
		Missions de la Chine, 1580.
Sixte V,	1590	Réformation du Calendrier, 1582.
Urbain VII,	1590	Saint Charles Borromée, 1584.
Grégoire XIV,	1591	Saint Louis de Gonzague, 1591.
..nocent IX,	1591	Ordre des Ursulines, 1591.

Neuvième Epoque. Abjuration de Henri IV, 1593.

		Persécution au Japon, 1597.
		Bénédictins de Saint-Vannes, 1600.
Clément VIII,	1605	Missions du Paraguay, 1602
Léon XI,	1605	Ordre de la Visitation, par saint François de Sales, 1610... Missions du Canada, 1613... Congrégations de l'Oratoire, par Bérulle, 1601... Missions du Levant, 1616.

PAPES.	CONCILES. etc.
aul V, 1621	Bellarmin, 1621... Bénédictins de St-Maur, 1621... Congrégation des Lazaristes, par
régoire XV, 1623	S. Vincent de Paul, 1625. Vœu de Louis XIII, 1638. S. François Régis, 1640. Jansénistes, 1640. Sœurs de la Charité, par S. Vincent de Paul, 1643... Congrégation
rbain VIII, 1644	des Sulpiciens, 1646.
nocent X, 1667	Quakers, 1655. . Réforme de la Trappe, par Rancé, 1662... Persécution à la Chine, 1662.
lexandreVII, 1667	Frères des Ecoles Chrétiennes, 1679.. Révocation de l'édit de Nantes, 1684... Quiétistes, 1687.
lément IX, 1669	
lément X, 1676	
nocent XI, 1689	
lexandreVIII,1691	
nocent XII, 1700	Révolution des Cévennes, 1700.
	Bossuet, 1704.. Fléchier, 1710. . Bulle *Unigenitus*, 1713... Fénelon, 1715...
lément XI, 1721	Délistes, 1720... Huet, 1721... Fleury, 1723.
nocent XIII, 1724	Massillon, 1742.
enoît XIII, 1730	De Belzunce, 1755.
lément XII, 1740	Dom Calmet, 1757.
	Francs-Maçons, 1760.
enoît XIV, 1758	
lément XIII, 1769	Brydaine, 1767. Suppression de la Compagnie de Jésus, 1773.
lément XIV, 1774	Gabriel de la Mothe, 1774.
	Christophe de Beaumont, 1781.

Dixième Epoque. Révolution française, 1789.

	Schisme constitutionnel, 1791.
ie VI, 1799	Persécution, 1792 et suivantes.
ie VII enlevé	
en 1800	Concordat, 1802... Captivité de Pie VII, 1809... Délivrance de Pie VII, 1814... Rétablissement de la Compagnie de Jésus, 1814.

N. B. Les dates, dans cette Chronologie, indiquent le commencement des persécutions, hérésies, ordres religieux, etc. Pour les Papes et autres personnages illustres, c'est à l'année de leur mort qu'elles se rapportent.

ABRÉGÉ

DES

PREUVES DE LA RELIGION.

D. Qu'est-ce que la religion ?

R. La religion est un culte que l'on rend au vrai Dieu par le sacrifice de l'esprit et du cœur, et par la pratique des devoirs qu'il a enseignés et prescrits à l'homme.

D. Dans quel livre se trouve l'histoire de la religion ?

R. Elle se trouve dans l'Ancien et dans le Nouveau Testament.

D. Comment prouve-t-on que les auteurs de l'Ancien Testament ont dit vrai, indépendamment de l'inspiration divine ?

R. Par cinq raisons principales : 1º parce qu'ils rapportent des choses arrivées de leur temps, et dont ils savaient la vérité ; 2º parce que, s'ils avaient dit faux, ils auraient pu être contredits par une infinité de personnes qui avaient été témoins des mêmes choses qu'ils rapportent, et que leurs écrits n'auraient pas été reçus comme divins ; 3º parce que c'étaient des gens très-dignes de foi, à qui on ne saurait imputer aucun crime, et qu'il n'y a rien dans leurs écrits qui les fasse soupçonner de mensonge ; au contraire, on y voit régner partout la bonne foi et la piété ; 4° parce que les histoires qu'ils racontent sont, pour la plupart, attestées par les auteurs profanes : telles sont l'histoire du déluge, celle de la destruction de Sodome et de Gomorrhe, le passage de la mer Rouge, etc., etc.; 5° parce que la doctrine qu'ils enseignent est très-conforme aux lumières de la raison. Telle est, par exemple, l'obligation de croire qu'il y a un Dieu, que ce Dieu punira les méchants et récompensera les bons ; qu'il faut être équitable, vertueux, et traiter son prochain comme on voudrait être traité soi-même.

D. Quelles preuves a-t-on de la divinité de l'Ecriture ?

R. On en a quatre : 1° les miracles que les prophètes ont faits, qui prouvent que Dieu les avait envoyés ; 2° les prophéties qui regardent la venue de Jésus-Christ et beaucoup d'autres événements, lesquelles ont toujours été accomplies ; 3° la sublimité de la doctrine de l'Ecriture, qui est si sainte et si parfaite, qu'il n'y a que Dieu qui en puisse être l'auteur ; 4° le pouvoir admirable qu'elle a sur ceux qui la lisent ; car, en sanctifiant leur cœur, elle les remplit de paix et de consolation.

D. De quel poids peuvent être les prophéties

de l'Ancien Testament pour prouver la vérité de la religion?

R. Elles sont d'un très-grand poids, et quiconque les examinera avec attention sera convaincu qu'elles ont été inspirées de Dieu, et que par conséquent ce sont des preuves démonstratives de la vérité de la religion. Comment des hommes auraient-ils pu prédire des événements qui devaient arriver cinq cents ans après? Or les prophéties de Daniel sur les quatre grandes monarchies et sur la venue de Jésus-Christ ont été faites cinq cents ans avant leur accomplissement; cependant elles sont si claires, que, si l'on n'était sûr de leur ancienneté, on croirait qu'elles ont été faites après coup.

D. Les Juifs ajoutaient-ils foi aux prophéties du vivant des prophètes qui les avaient faites?

R. Oui; et comment ne l'auraient-ils pas fait, tandis qu'ils voyaient de leurs propres yeux l'accomplissement des choses qu'on leur prédisait? Si on ne leur avait fait que des prédictions très-éloignées, et dont ils n'eussent pu voir l'accomplissement, ils auraient été en droit de les révoquer en doute; mais comme ils voyaient tous les jours l'événement de ce qui avait été prédit, ou par des prophètes de leur temps, ou par ceux qui les avaient précédés, l'accomplissement de ces premières prophéties leur faisait espérer celui des suivantes. Ils croyaient l'avenir parce qu'ils voyaient le présent; et ils étaient persuadés que ces prophéties étaient divines, parce qu'elles étaient infaillibles.

D. Peut-on prouver par les prophéties la venue du Messie?

R. Oui. Il y en a qui marquent précisément le temps de sa venue, le lieu de sa naissance, les qualités qu'il devait avoir, ses miracles, sa passion, le genre de sa mort, et d'autres particularités qui conviennent tellement à Jésus-Christ, qu'elles ne sauraient convenir qu'à lui.

D. Quelles sont les principales prophéties qui regardent le Messie?

R. Ce sont celles de Jacob, des prophètes Daniel, Isaïe, Aggée, Michée et plusieurs autres; mais je ne rapporterai que la prophétie de Jacob et celle des soixante-dix semaines de Daniel.

D. Dites-moi la fameuse prophétie de Jacob.

R. La voici : mais il est à propos de rapporter auparavant dans quelles circonstances elle a été faite. Jacob, étant au lit de la mort, donna sa bénédiction à tous ses enfants, et leur prédit ce qui devait leur arriver. Quand il vint à Juda, il l'éleva au-dessus de ses frères, et lui dit que de sa race sortirait le Sauveur du monde. Voici en quels termes il l'annonce : *Le sceptre ne sortira point de Juda, et le gouvernement ne sortira point de ses descendants, jusqu'à ce que vienne Celui qui doit être envoyé; et il sera l'attente des nations.*

D. Comment la prophétie de Jacob a-t-elle été accomplie ?

R. Elle a été accomplie : 1° en ce qu'au temps où Jésus-Christ est venu, le sceptre n'était plus entre les mains des Juifs, puisque Hérode l'Ascalonite, alors roi de Judée, était Iduméen ; 2° en ce que, dans le même temps, les Juifs perdirent l'autorité de se gouverner par eux-mêmes, avec pouvoir de vie et de mort : ils en firent un aveu public, au temps de la passion de Jésus-Christ, lorsqu'ils s'écrièrent : *Nous n'avons pas le pouvoir de faire mourir personne.*

D. Dans quel temps fut faite la prophétie de Daniel ?

R. Pendant la captivité de Babylone, où Daniel, affligé de la souffrance des Juifs, fit à Dieu une ardente prière pour obtenir de lui ses miséricordes sur son peuple, et l'effet de ses anciennes promesses. Dieu, touché des prières de son serviteur, lui envoya l'ange Gabriel pour le consoler et lui apprendre l'avenir ; en sorte que le discours de l'ange à Daniel est ce que l'on appelle la prophétie des soixante-dix semaines.

D. Dites-nous la prophétie de Daniel.

R. « Il n'y a pas encore à attendre soixante-« dix semaines, dit l'ange à Daniel, pour mettre » le comble à vos vœux et à ceux du peuple ; car « avant la fin des soixante-dix semaines viendra « l'accomplissement des promesses et la fin de « l'iniquité. Une justice éternelle paraîtra sur

« la terre pour accomplir cette révélation, au
« temps que le Saint des saints aura l'onction.
« Comprenez-le donc, et faites y attention. De-
« puis l'ordre qui sera donné pour rebâtir de
« nouveau la ville de Jérusalem, dont les maisons
« et les murs auront été construits à la hâte
« depuis cet ordre jusqu'au Christ chef du peu-
« ple, il n'y aura d'intervalle que sept semaines,
« avec soixante-deux, c'est en tout soixante-neuf
« semaines (ou quatre cent quatre-vingt-trois
« ans). Le Christ sera mis à mort, et son peuple
« qui l'aura renoncé ne sera plus son peuple.
« Un autre peuple, sous les ordres de son chef,
« viendra renverser la ville et son sanctuaire,
« qui seront entièrement ruinés : et après la fin
« de cette guerre viendra la désolation prédite.
« Il confirmera son alliance avec plusieurs,
« dans une semaine, qui sera la soixante-
« dixième : au milieu de cette semaine, l'hostie
« et le sacrifice seront abolis : l'abomination,
« jointe à la désolation, sera dans le temple, et
« la désolation durera jusqu'à la fin. »

D. Qu'y a-t-il à remarquer sur la prophétie
de Daniel?

R. Il faut observer que les semaines dont il
s'agit ici sont des semaines d'années, et non de
jours ; que chaque semaine contient sept années,
et que toutes ensemble font l'espace de quatre
cent quatre-vingt-trois ans. Tout le monde con-
vient de cette vérité ; mais s'il en fallait donner

la preuve, il suffirait de remarquer qu'il est dit dans la prophétie que le temple sera rebâti au bout de sept semaines : or, il est évident que cela aurait été impossible, si c'étaient des semaines de jours ; d'ailleurs, on sait qu'à cause des oppositions des Samaritains le temple ne fut fini qu'au bout de quarante-neuf ans, ce qui fait en tout sept semaines d'années.

D. La prophétie de Daniel a-t-elle été accomplie ?

R. Oui ; et pour se convaincre de cette vérité, il faut faire attention à ces trois points : 1º Jésus-Christ devait paraître au bout du terme marqué par la prophétie ; 2º il devait établir sa loi, être rejeté par les Juifs, et mis à mort : 3º la destruction de la ville et du temple de Jérusalem, l'abolition des sacrifices et la dispersion des Juifs devaient suivre cette mort. Or, tout cela est arrivé ; car au temps marqué par la prophétie est arrivé un homme extraordinaire qui avait tous les caractères marqués par les Écritures. Après sa mort, Jérusalem a été détruite par l'empereur Tite, le 8 septembre de l'an de Jésus-Christ 70. Les sacrifices ont été abolis, le temple ruiné de fond en comble, et les Juifs dispersés sans retour. C'est par une providence particulière qu'ils subsistent encore ; ils ne sont errants sur la terre que pour porter en tous lieux les oracles qui prouvent la vérité de cette prophétie, et celle de leur réprobation.

D. Quelles autres preuves a-t-on de la venue du Messie?

R. On prouve encore la venue de Jésus-Christ par les livres du Nouveau Testament, par le témoignage des auteurs chrétiens, et par celui de plusieurs historiens prefanes.

D. Doit-on ajouter foi aux livres du Nouveau Testament?

R. Oui, pour quatre raisons principales, indépendamment de l'inspiration divine : 1º parce qu'ils ont été écrits par des auteurs contemporains, qui n'ont pu être trompés, ayant écrit ce qu'ils avaient vu, entendu et touché; 2º parce qu'ils ont été écrits par des auteurs incapables de tromper, puisque c'étaient de pauvres pécheurs sans éloquence et sans ambition, et qui ont scellé de leur propre sang les vérités qu'ils ont annoncées; 3º parce que, quand même ils auraient voulu tromper, ils ne l'auraient pas pu, eux qui prêchaient devant des gens qui avaient été les témoins des merveilles qu'ils annonçaient, et dont on aurait aisément découvert l'imposture, si elles n'avaient pas été aussi vraies qu'elles le sont; 4º parce que plusieurs faits rapportés dans l'Evangile sont attestés par les auteurs profanes. Enfin, on peut dire avec confiance qu'il n'y a pas d'histoire dans le monde qui ait autant de certitude, et qui mérite autant de croyance.

D. Quels sont les auteurs profanes qui ont parlé de Jésus-Christ et des chrétiens?

R. Ce sont tous ceux qui ont vécu de son temps, ou dans les siècles qui l'ont suivi de près. *Suétone, Tacite* et *Pline le Jeune,* historiens romains, et *Josèphe,* historien juif, qui ont tous parlé de Jésus-Christ, écrivaient peu de temps après sa mort. *Phlégon, Lampridius, Chalcidius, Ammien Marcellin* et plusieurs autres vivaient dans les siècles suivants.

D. Que rapportent Tacite et Pline le Jeune de Jésus-Christ et des chrétiens?

R. Tacite dit que l'empereur Néron, voulant se représenter l'embrasement de la ville de Troie, fit mettre le feu aux plus beaux quartiers de la ville de Rome; mais que, pour éviter la haine que lui attirait une action si barbare, il en accusa ceux qu'on appelait chrétiens, et qu'il les condamna aux plus horribles supplices.

Pline le Jeune, gouverneur de Bithynie, écrivit à Trajan que par son ordre il avait fait mourir plusieurs chrétiens; qu'il ne les avait trouvés coupables d'aucun crime; mais qu'au contraire ils s'engageaient par serment à n'en point commettre, et que tout ce qu'on pouvait leur reprocher était de chanter des cantiques en l'honneur de Jésus-Christ. Ces deux témoignages prouvent l'antiquité du christianisme : ils sont si authentiques, que l'incrédulité la plus opiniâtre ne saurait les révoquer en doute.

D. Qu'est-ce que l'historien Josèphe dit de Jésus-Christ ?

R. Il en parle en termes très-clairs, ainsi qu'on peut le voir dans le passage que je vais citer ;

« En ce temp-là, dit Josèphe, parut Jésus,
« homme sage, si pourtant il ne faut l'appeler
« qu'un homme ; car il faisait des choses mira-
« culeuses, et était le maître de ceux qui aiment
« à recevoir la vérité. Il a eu beaucoup de sec-
« tateurs parmi les Juifs et parmi les Gentils.
« Il était le Christ. Etant accusé par les princes
« de notre nation, Pilate le fit crucifier. Ceux
« qui avaient été attachés à lui ne cessèrent pas
« de l'être ; car, trois jours après, il apparut
« vivant, comme l'avaient prédit les prophètes
« inspirés de Dieu, et il fit d'autres prodiges.
« Ses sectateurs, appelés *Chrétiens*, de son nom,
« ont subsisté depuis, et subsistent encore au-
« jourd'hui. »

D. Quels traits de la vie de Jésus-Christ sont rapportés par Chalcidius et Phlégon, auteurs païens ?

R. Chalcidius, philosophe platonicien, rapporte que l'année qui répond à celle de la naissance de Jésus-Christ, il parut une étoile brillante, qui n'était point d'un mauvais présage, mais qui annonçait la venue d'un Dieu pour le bonheur de tous les hommes. Il ajoute que de sages Chaldéens l'ayant découverte, allèrent chercher ce Dieu nouvellement né, et que, l'ayant trouvé, ils lui présentèrent leurs vœux et leurs hommages ; ce qui doit visiblement s'entendre de l'étoile qui conduisit les Mages à Bethléhem.

Phlégon, affranchi de l'empereur Adrien, décrit l'éclipse arrivée à la mort de Jésus-Christ, de la même façon et avec les mêmes circonstances qu'elle est rapportée par les évangélistes.

D. Ammien Marcellin, auteur païen, ne rapporte-t-il rien qui puisse confirmer la venue de Jésus-Christ ?

R. Ammien Marcellin rapporte que Julien l'Apostat, ennemi juré du nom chrétien, voulut faire rebâtir le temple de Jérusalem pour démentir, s'il était possible, la prédiction que Jésus-Christ avait faite sur la désolation générale et perpétuelle de ce temple, et que pendant qu'on travaillait avec plus d'ardeur à cet ouvrage, tout à coup d'horribles tourbillons de flammes sortirent des fondements, consumèrent la plupart des ouvriers, et rendirent l'entreprise inutile. Enfin, Tertullien assure que Pilate ayant envoyé à Rome tous les actes de la mort et des miracles de Jésus-Christ, Tibère proposa de le mettre au nombre des dieux. Toutes ces preuves réunies ensemble démontrent invinciblement la venue de Jésus-Christ.

D. Est-il sûr que Jésus-Christ ait été le Messie ?

R. Oui, parce qu'il a réuni en sa personne tous les caractères qui sont marqués dans les prophéties pour le faire reconnaître. Ces prophéties, qui sont au nombre de plus de soixante, prouvent non-seulement que Jésus-Christ est le Messie, mais même qu'il est Dieu. D'ailleurs les prodiges qui ont paru à sa naissance, pendant sa vie et à sa mort, sont les preuves incontestables de sa divinité, aussi bien que les miracles qu'il a faits, dont le plus grand est celui d'être ressuscité par sa propre puissance.

D. Quelles preuves a-t-on de la résurrection de Jésus-Christ?

R. On en a trois : 1° le témoignage des apôtres, des disciples, et de plus de cinq cents personnes qui l'ont vu et touché après sa résurrection ; 2° l'impossibilité où étaient les apôtres d'enlever le corps de Jésus-Christ pour faire croire qu'il était ressuscité. D'ailleurs ils le regardaient ou comme le Fils de Dieu, ou comme un imposteur : s'ils le regardaient comme le Fils de Dieu, ils croyaient qu'il pouvait ressusciter; s'ils le regardaient comme un imposteur, comment se seraient-ils livrés pour lui à une mort certaine? S'il ne fût point ressuscité, il aurait été un imposteur, et les apôtres n'auraient pas fait des miracles en son nom. Or, il est sûr qu'ils en ont fait; donc il est sûr que Jésus-Christ est ressuscité.

D. Si Jésus-Christ est ressuscité, et s'il est

le Messie et Dieu en même temps, que suit-il
de là?

R. Il s'ensuit que la religion qu'il est venu
établir est divine, et par conséquent vraie dans
tous ses points ; car une religion véritable ne
peut rien enseigner de faux. Or, si elle est vraie,
il s'ensuit, par une conséquence nécessaire,
qu'il faut la croire et la pratiquer, et qu'on ne
saurait se sauver si l'on en suit une autre.

D. En quoi consiste la sainteté de la religion
chrétienne ?

R. Elle consiste à rendre à Dieu un culte
très-parfait, à régler ses passions et à soumettre le corps à l'esprit. Avant Jésus-Christ,
on ne savait guère ce que c'était que porter sa
croix, aimer ses ennemis, estimer la pauvreté,
être doux et humble de cœur, rendre le bien
pour le mal, se réjouir dans les persécutions et
dans les souffrances. La religion chrétienne a
enseigné tous ces points, et a fait voir par là
qu'elle est l'ouvrage d'un Dieu.

D. Les autres religions ne sont-elles pas
aussi saintes que la religion chrétienne ?

R. Non, elles ont des caractères bien différents, et font voir par là qu'elles sont l'ouvrage
des hommes. La religion des païens, par exemple, est pleine de corruption et d'impiété, et
les plus grands crimes y sont autorisés par
l'exemple des fausses divinités. Celle de Mahomet est pleine d'absurdités ; car qui peut croire

que la lune soit tombée un jour dans la poche de Mahomet, comme il le raconte lui-même, et que d'un coup de poing il l'ait renvoyée au ciel, pour ne pas priver le monde de sa clarté ? Outre cela, elle flatte les passions des hommes pour les attirer, et permet les jouissances des plaisirs sensuels. Mais la religion chrétienne détruit tous ces vices, et tend à une parfaite sainteté ; et c'est la seule religion qui ait ce privilége véritablement divin.

D. Comment la religion chrétienne, ayant à combattre les inclinations des hommes, la doctrine des philosophes et toutes les passions, a-t-elle pu s'établir en si peu de temps ?

R. C'est un prodige des plus merveilleux ; car les apôtres, avant leur mort, l'ont vue publiée et reçue par presque toute la terre. A peine eurent-ils reçu le Saint-Esprit, que saint Pierre, le premier d'entre eux, reproche aux Juifs la mort de Jésus-Christ : huit mille se convertissent à ses deux premières prédications ; les autres apôtres ont partout de pareils succès : la nature même obéit à leur voix. Ce ne sont que prodiges sur prodiges, que conversions éclatantes. En vain la terre et l'enfer se liguent ensemble pour empêcher l'établissement d'une religion si sainte, tous leurs efforts sont inutiles : le sang des martyrs, qu'on répand avec profusion, est une semence de nouveaux chrétiens. Enfin, les empereurs païens, après tant d'efforts impuissants pour la détruire, en sont eux-mêmes devenus les protecteurs, et ont déposé leur sceptre et leur couronne au pied de Jésus-Christ.

On pourrait ajouter ici, pour dernière preuve, le raisonnement de saint Augustin, qui dit que la religion s'est établie par les miracles de Jésus-Christ et de ses apôtres, et que s'il n'y en avait point eu, ce serait le plus grand de tous qu'elle se fût établie.

D. Comment la religion chrétienne s'est-elle conservée dans sa pureté jusqu'à présent ?

.R. C'est par le ministère que Jésus-Christ même a établi. Ce ministère, qui est composé de pasteurs unis au pape, leur chef, est ce que nous appelons l'Eglise enseignante ; c'est elle qui est la dépositaire de notre foi et la règle de notre croyance. Nous devons regarder comme des hérétiques et des païens ceux qui n'écoutent pas sa voix ; c'est Jésus-Christ qui nous l'ordonne : or, quiconque n'aura pas l'Eglise pour mère n'aura pas Dieu pour père.

D. La religion n'a-t-elle pas des obscurités?

R. Oui, Dieu le permet ainsi pour éprouver notre foi. Quoique les principaux points qu'elle propose à croire soient au-dessus de la raison humaine, qui est très-bornée, elle n'enseigne pourtant rien contre la raison, parce que Dieu, qui en est l'auteur, et qui est en même temps le principe de la raison, ne saurait rien ensei-

gner que de raisonnable. Et, pour finir par le
mot d'un homme qui avait recueilli d'excel-
lentes pensées sur la religion, on peut dire que
la religion chrétienne renferme assez de lumière pour éclairer ceux qui désirent sincère-
ment d'être éclairés, et assez de ténèbres pour
aveugler ceux qui se plaisent dans leur aveu-
glement.

FIN.

TABLE

DE

L'HISTOIRE ECCLÉSIASTIQUE

Riom. — Imprimerie G. LEROYER.